新潮文庫

居酒屋道楽

太田和彦著

新潮社版

7966

目次

本文イラスト・太田和彦

居酒屋道楽

隅田川に沿って、東京の居酒屋を歩く

今年（平成十八年）の二月二十一日、帝国ホテル孔雀《くじゃく》西の間にて、居酒屋「シンスケ」創業八十周年を祝う会が開かれた。

開宴の五時半よりすこし早めに出かけたが、会場入口に出迎える三代目・四代目のそれぞれ夫婦と椅子《いす》に座る老婦人に、挨拶《あいさつ》して入場する客が長い列を作っており、その末尾についた。脇《わき》の机に、紋付に身を固めた初代と二代目の古い結婚写真や、往時の店内写真が飾られる。私の知らない初期の店内も今とあまり変わらないようだ。

シンスケの創業は大正十五年。神田明神下《かんだみょうじんした》の酒問屋一木商店に奉公していた初代が、そこの次男・鈴木シンスケの名をもらい、湯島天神下《ゆしまてんじんした》で居酒屋を始めた。戦後火災に遭って再建、平成四年にビルに改築して今に至る。

私はビルになる前から通い始め、江戸前のきりりとした店内を好んでいたが、改築しても一階はほとんど変わらず、長大なカウンターは前のものを再び同じ位置に嵌《は》めていた。

並ぶ挨拶客の列は切れないが、開宴時間となり入口は閉められた。アナウンサーの司会で始まり、来賓祝辞や乾杯がすんで歓談となった。広い会場を埋める客は身なりでそれとわかる立派な紳士婦人ばかりで、市井《しせい》の一居酒屋の常連客たちがこういう人々だったかと思う。私などは若い方だ。それなりに衣服を正して来てよかった。

十四年前を思い出した。平成四年十月、ホテルニューオータニで同じようにシンスケの創業六十六年を祝う会が開かれ、私も末席にいた。六十六はきれいな数字だが、改築のため一年近く休業した後の再開を披露するためでもあり、主人の挨拶末尾の「さて長い間休ませていただきましたが、新開店は十一月二十七日金曜日五時でございます」に割れんばかりの拍手がわいた。このときは当時九十二歳の鈴木シンスケ氏も列席し、司会アナウンサーが「その息子が私、鈴木治彦でございます」と続けた。

シンスケの酒は創業時から、一木商店で扱っていた秋田の両関一本やりだ。両関社長は秋田から祝辞にかけつけた。私は秋田の両関の蔵を訪ねたとき、シンスケの酒は専用に特別に仕込んでいる上酒と知った。客への挨拶に回るシンスケ主人に、鏡開きの枡酒《ますざけ》を手に祝いを言うと「今回の八十周年は母が元気なうちに行いたいことと、四代目息子の皆様へのご挨拶を兼ねて」と話した。

シンスケに通い始めて二十年以上だろうか。湯島天神を祀《まつ》る神棚以外に余計な飾り物は何もない白木の店内、江戸前に洗練された肴《さかな》で燗酒《かんざけ》の盃《さかずき》を手にする粋《いき》。近所の東大の先生から早じまいの職人まで、肩を並べ闊達《かったつ》に飲みながら、騒々しい団体客や過度な酔っ払いは許さない気風。話題は相撲と落語。長野県出身の私は、東京湯島天神という由緒《ゆいしょ》ある土地柄の居酒屋、さっぱりとこだわらず洒落《しゃれ》と皮肉を好む客、つまりは東京気質《かたぎ》とは何かを知った。

終宴時間がきて壇上に、御年九十歳の二代目老婦人（現主人のご母堂）、主人である三代目夫婦、新婚一年目と満を持した若い四代目夫婦の親子三代が並び、それだけで拍手がおきた。男はタキシードの正装、胸にバラ。ご婦人は着物だ。主人に続き、若い巨漢の四代目が挨拶した。

「父は六十六周年のとき『自分に言い聞かせるのは、当り前のことをきちんとやる、それだけです』と申しあげましたが私も同じです。そしてもうひとつ、この湯島天神という地を決して離れないと加えます。私がシンスケの四代目を継ぎます。どうぞよろしくお願いいたします」

覚悟のこもった力強い言葉に満場の拍手が応《こた》える。遠くからでも三代目主人夫婦の目が光っているのがわかる。最後に湯島天神宮司による三本締めで宴は終わった。

私が思ったのは「家業」ということだ。創業した商売を何代も続けてゆくこと。父は息子が自分の仕事を継ぎ、次第に頼もしくなってゆくのを見るのが嬉《うれ》しいだろう。内助の母は、ふさわしい妻を迎えることを願わずにいられないに違いない。シンスケ四代目は大学で陶芸を学んでから、世界を歩き、カヌーで冒険もし、また海外交流事業の手伝いもし、ようやく店に帰り妻をもった。その方は資生堂に勤める、背が高く着物の似合う聡明《そうめい》な美人だ。

父は海外に渡った息子に、男にはやりたいだけやらせればいいんだと構えていたが、厨房《ちゅうぼう》仕事をこつこつ始めたのを見て安心してか、接客は一段と明るく駘蕩《たいとう》たる風情《ふぜい》になった。料理を運ぶ息子に目をやるでもなく、のんびりとお燗番をつとめ、客の相手をする。継ぐ者がそこにいる安定感に、客はわが家の落ち着きを覚え、居心地を深める。家業のよさとはこれだろう。

東京の古い居酒屋

東京の居酒屋では、安政三年（一八五六）開業の根岸《ねぎし》の「鍵屋《かぎや》」が古い。最初は酒屋で、昭和初期から店の隅で飲ますようになり、居酒屋専業になったのは昭和二十四年からだ。江戸期に立てられた初代建物は、今は小金井公園の「江戸東京たてもの園」に移築保存されている。多くの作家文人に愛された先代の名物店主のあとを奥様が継ぎ、今は息子さんがお燗番に立ち、昔と何一つ変わらないスタイル、品書で店を守る。

北千住《きたせんじゅ》の居酒屋「大はし」は、明治十年に牛肉屋として創業し、はじめはすき焼や牛鍋《ぎゅうなべ》で一杯飲ませていた。戦後牛肉の切れ端で作る煮込みが評判となり、やがてそれを名物とする居酒屋になった。古い建物は限度がきてやむなく建て直したが、前の様子を再現した店内は客を安心させ、かわらず大繁盛《だいはんじょう》だ。元気な主人は四代目、すでに五代目が厨房をきりまわしている。

最初から居酒屋として始めた店のうち、現役で最も古いのは明治三十八年、日露戦争に勝利した年に創業した神田「みますや」だろう。浅草で炭屋をしていた初代は、東京瓦斯《ガス》会社の発足で商売に見切りをつけ、拝み屋にみてもらったところ、いつの世も飲食業はすたらないと言われ神田で居酒屋を始めた。大正十二年の関東大震災で店は全焼するも、バラック小屋で再開し、震災後に流行した、建物を銅板で覆《おお》う看板建築の店を構えた。昭和二十年三月十日の東京大空襲で、近くに焼夷弾《しょういだん》が落ち火の手が迫ったが、近所総出のバケツリレーで類焼を食い止めた。今も現役で大正十二年の建物で酒を飲める。

みますやは昨年、創業百周年を迎え大きな新聞記事にもなった。現主人の三代目に「百年祝いに一年間、酒タダ」と茶々を入れると苦笑したが、その後、百年記念に徳利を作ったと送ってくれた。

森下の居酒屋「山利喜《やまりき》」は創業大正十三年、初代・山田利喜造の名からこの店名がついた。東京大空襲で店は全焼したが、二代目が掘っ立て小屋から再開、三代目がいま店に立つ。一昨年十一月、都内のホテルで開かれた創業八十周年の祝いに招かれたが、私はあいにく入院中で出席できず残念だった。その後祝いを言いに顔を出すと、記念に配った、店の暖簾《のれん》にある豚君の人形をつけた携帯ストラップをわけてくれた。

山の手の名居酒屋と定評高い、自由が丘の「金田《かねだ》」の創業は昭和十一年。外国航路の司厨をつとめた初代は、乱れたり大声をあげる客を嫌い、それが店の信用になって、いつしか「金田酒学校」と呼ばれるようになった。創業五十周年の昭和六十一年には常連だった山口瞳や伊丹十三《じゅうぞう》も文を寄せた冊子「金田酒学校五十年」が、有志により作られた。

二代目の現主人もおだやかな人柄で初代の雰囲気を守る。最近、京都の料亭で長い修業を終えた息子さんが厨房に入り、今や三代目として店の柱になりつつある姿に目を細める。主人は私に、今年六月に創業七十周年の祝いをするから、ちょっと早いが空けといてくださいと嬉しそうにささやいた。

東京は大正十二年の関東大震災、昭和二十年の東京大空襲で二度壊滅した。町場の古い大衆居酒屋もその災から逃れるべくもなかったが、家業を守り続け、いま周年の年を迎えている。

二代目、三代目が若手経営者気取りでチェーン展開したり、高級店に方向転換するようなことには見向きもせず、創業の大衆居酒屋を堅実に守り続けているのはなんと喜ばしいことだろうか。ここには家業を継ぐというまことに健全な、そしてうらやましい人生がある。親子三代がひとつ仕事場でともに働き、ともに苦労し、ともに栄える幸せは、家業を持たず、会社勤めするほかはない者には味わえない。

居酒屋は単に酒肴《しゅこう》を楽しむだけではなく、その町に住む人の社交の場であり心のよりどころで、そこに土地に根ざす居酒屋の価値がある。私は全国あちこちで、主人も二代なら客も二代という、町の名物になっている古い居酒屋にいくつも出会った。そういう店は歴史のある町、たとえば城下町に多く、新興産業都市にはない。つまり、町がある年代的成熟にいたると、名物居酒屋が生れる。

二十年ほど前から私は東京の居酒屋に興味を持ち、平成五年に『精選・東京の居酒屋』を、平成十三年に『新精選・東京の居酒屋』を書き、東京の古い名居酒屋は隅田川に沿って並んでいることがわかってきた。東京で歴史の古いのは下町だから当然かもしれないが、江戸期に初物好きの江戸っ子を熱狂させた、関西灘《なだ》地方から運ばれる東下《あずまくだ》り新酒の到着地が、隅田川に面した日本橋新川《しんかわ》であったことも遠因と考えたくなる。

一年ほど前のある日、ふらりとシンスケに入った時、肴を運んできた四代目から「太田さん、最近『牧野』に行ってますか」と尋ねられた。本所の居酒屋・牧野は懐《なつ》かしい名だ。

「あそこは優れた店ですね、太田さん、よく昔からご存知ですね」

持ち上げられたが、『精選・東京の居酒屋』に書いてから一度も行っていない。牧野は日曜もやっているので、彼はもう何年も大相撲の見物帰りなどに時々寄るそうだ。

「まぐろは築地《つきじ》の最高級卸しので、盛りつけがまたすばらしいんですよ」

東京一の居酒屋の誉れ高い店の四代目に言われ、私は翌日、十三年ぶりに牧野に行った。店は何も変わらなく、仕事の質は極めて高い。なぜ以前はこの水準に気づかなかったのかと反省し、出てから暖簾に手を合わせた。

東京の古い居酒屋は奥が深い。ひとつ隅田川に沿い、あらためて店を巡ってみようか。東京の居酒屋の神髄が見えてくるかもしれない。そんな酔狂な考えが浮かんだ。

隅田川をさかのぼる

東京湾、日《ひ》の出《で》桟橋《さんばし》の埠頭《ふとう》に立つと強い潮風がコートを翻《ひるがえ》し、髪を乱れさせた。水面は大きく波立ち、ぎゃあぎゃあとカモメが飛び交い、レインボーブリッジが高々と湾をまたぐ。ここは海だ。そして東京下町を東西に分けて流れる、隅田川の河口でもある。ここから水上バスで川をさかのぼる。

日の出桟橋は大正十四年、東京湾最初の埠頭として築かれた。江戸時代より隅田川は関東平野の大動脈として江戸の物流経済を支え、水上バスは百二十年の歴史を持つ。焼玉エンジンの船はポンポン蒸気の名で親しまれ、縦横に走る小舟は隅田川の足として東京の東西をつないだ。今は観光が主となり、漫画家・松本零士《れいじ》デザインの未来型水上バス「ヒミコ」は人気を呼んでいるが、本日はドック入りで、「リバータウン」に乗船した。

ピー。汽笛が鳴り、船は胴震いしながらいったんバックして舳先《へさき》を変え、しずしずと川に向かう。方向を変えると、目前に高層ビルが圧倒的に迫った。東京はこんなに摩天楼化したのか。川をはさみ垂直にそびえるビル群を勝鬨《かちどき》橋が水平につなぐ。その中央に向けて、船は静かに進んでゆく。

水上バスに乗るのは橋を間近に見るためだ。東京で一番好きな場所はどこかと問われたら、ためらわず隅田川の鉄橋群と答える。隅田川居酒屋巡りを橋からスタートさせよう。

私は大正から昭和初期の橋の写真を復刻した『水の都、橋の都――モダニズム東京・大阪の橋梁《きょうりょう》写真集』（伊東孝編著・東京堂出版・一九九四年）を得て、戦前の橋の華麗さに魅惑され、古い橋を見るのが趣味になった。セーヌ川をイメージしたといわれる大阪の橋梁群、水晶橋や大江橋を見にわざわざ出かけたことがある。隅田川の橋もおりにふれ眺め、歩き、それぞれの意匠、個性を愛してきたが、今日はじめて川面から見る。下をくぐるのももちろん初めてだ。

今に残る鉄橋の名作群は、大正十二年・関東大震災の帝都復興事業により作られた「震災復興橋」による。下流から相生《あいおい》橋、永代《えいたい》橋、清洲《きよす》橋、蔵前《くらまえ》橋、駒形《こまがた》橋、言問《こととい》橋は復興六橋と言われ、近代東京の都市景観をかたちづくる大きな役割を果たした。川端康成は『浅草紅團《くれないだん》』に、朝の言問橋に立つ情景を〈隅田川の新しい六大橋のうちで、清洲橋が曲線の美しさとすれば、言問橋は直線の美しさなのだ。清洲は女だ。言問は男だ〉と書いている。

首都を代表する川の架橋として復興六橋を担当した局員の意気込みは並々ではなく、世界各国の橋梁写真二千点以上を集め、十数種類のデザインをもとに画家、作家、文化人に意見を求め、設計に建築家が関わる異例の体制を整えた。セーヌ川やテームズ川、ライン川などの見事な鉄橋にくらべ、日本の木橋はいかにも前近代的に見えただろう。さらに〈西洋技術の模倣《もほう》でなく、日本独自の技術による橋を〉と、工学的にも技術の粋を隅田川に注《つ》ぎ込んだ結果、〈隅田川にかかる橋の技術は、先進諸国に対する卒業設計であった〉といわれた。

勝鬨橋が迫ってきた。全長二百五十メートル。橋名は、日露戦争旅順《りよじゆん》陥落を記念し築地と月島を結んでいた渡船場を〈勝鬨の渡し〉と称していたものによる。当初は中央部四十四メートルが上に開く可動橋で、一日五回二十分ずつ開き大型船を通行させた。晴海《はるみ》通りの交通量増大により昭和四十五年から開閉をやめたが、再び開橋させようという運動もおきている。

無機質に垂直な高層ビル群を背景に、左右に雄大な鉄骨美のタイドアーチ、中に跳ね橋を置いた重厚な姿はまさに威風堂々。昭和十五年、戦前の隅田川では最後に架けられたこの橋は、幻に終わった昭和十五年の東京オリンピックおよび晴海を会場とする万国博に際し、諸外国に日本の威信を示す「帝都の門」の役割を期待されたが、その風格は十分だ。

戦後昭和三十九年に実現した東京オリンピックは、日本一の名橋といわれる日本橋（明治四十四年架橋）に高速道路をかぶせ、今その撤去が取りざたされている。戦前のオリンピックは名橋を残し、戦後のそれは名橋を台無しにした。

橋が近づくと船の速さを実感し、いよいよ下をくぐった。桁下《けたした》五・二メートル。初めて見る橋裏はほこりだらけかと思いきやよく整備され、船からの眺めを意識しているようだ。いつの日かここが開くのを見てみたい。

やがて永代橋、その先に清洲橋が見えてきた。長大なタイドアーチの永代橋と優美な吊《つ》り橋の清洲橋は、上にカーブする曲線、下にカーブする曲線と全く対照的なデザインで、王と女王といおうか、明らかに川を上ってゆく劇的クライマックスを意識している。清洲橋の精緻《せいち》な鉄装飾は隅田川全橋の白眉《はくび》といえよう。

左に隅田川に注ぐ神田川の鉄橋、柳橋《やなぎ》が見え、私は成瀬《なるせ》巳喜男《みきお》の映画『流れる』（昭和三十一年）を思い出した。田中絹代《きぬよ》、山田五十鈴《いすず》、高峰秀子、杉村春子、岡田茉莉子《まりこ》、さらに栗島《くりしま》すみ子と、日本映画最高の女優が並んだこの作品は、柳橋の芸者置屋が衰退してゆく姿を格調高く描き、誇り高い柳橋から川向こう（向島か）に落ちぶれてゆく姿を暗示する。タイトルバックとラストシーンは、橋下から眺めた隅田川の情景だ。遠く白鬚《しらひげ》橋を望むカットもある。水上からの眺めはまことに映画的だ。

こうして、両国《りょうごく》橋、蔵前橋、厩《うまや》橋、駒形橋をくぐり吾妻《あづま》橋で船を降りた。川面からの見どころは、橋のすべての重量が集中する橋梁鉄骨基部と石組みの橋脚の接点だ。力学が構造として見え、まことに力強く、それが眼前にある。連続して打たれたリベット（鉄鋲《てつびょう》）の美しさ、橋ごとに意匠を変えた華麗な鉄の装飾からは、橋を単なる道路の延長ではなく、壮大な建築芸術として考えているのがよくわかる。川から見る橋は必ず左右対称の均整美をもち、魅惑された。

川端の隅田公園はまだ冬の陽射《ひざ》しで桜のつぼみも堅い。私は川岸を歩いて、さらに上流の言問橋を過ぎ、白鬚橋に至ってその壮麗さにうたれた。船の竜骨のようなダイナミックで優雅な橋梁、見事なアールデコ装飾のはるか高い親柱、王宮にもふさわしい街灯の連続は、まさに隅田川の北を固める「帝都の北門」であった。

そして居酒屋へ

さて居酒屋だ。上ってきた川に沿い、こんどは居酒屋をたどりながら町を下ってゆこう。

起点は千住だ。北千住の「大はし」は今日も大入満員。活気は東京居酒屋の三指に入る。

〈名物にうまいものあり北千住　牛のにこみで渡る大橋〉

おなじみのビラは、店新装後も同じ位置にぶら下がり客を安心させる。

下町居酒屋のお決まりは煮込みだ。店はそれぞれに自分の味を作り客をひきつける。豚のモツが多いけれど、もともとが牛肉屋のここのは牛肉だから上等だ。四十年以上使っている鉄鍋の赤茶の汁に浮かぶ豆腐は魅惑的で、肉豆腐と注文するとこれが入る。

「オ、太田さん、久しぶり。酎《ちゅう》ハイ？」

昭和四年生れの四代目主人は、牛肉を食べ続けているためかたいへん血色よく、せかせかと動き回る姿は相変わらずで、口癖は「オーイ、きた」だ。

「うん、それと肉豆腐」

「オーイ、きた」

酎ハイの焼酎は三重のキンミヤ焼酎、通称「亀甲宮《きっこうみや》」がお約束だ。よそではあまり見ないが、下町の酎ハイはほとんどがこれを使う。もちろん甲類。近年の焼酎ブームは本格焼酎乙類で、これは結構なことだけど、酎ハイは甲類に限る。合成アルコールの甲類は味がないのでウーロン茶やレモン、はたまた梅干しを入れるが、ここは梅シロップ。立石《たていし》の名物モツ焼屋「宇ち多゛」もそうだ。レモン一片と氷のいっぱい入った大グラスに、焼酎と梅シロップが適当にどばどば入り、一丁上がりでたちまち届く。

ツイー……。

アー、うまい。私は大吟醸だ純米だ、芋だ黒糖だと酒にうるさいが、下町に来たらそんなヤボは言わない。ずばり焼酎ハイボール、酎ハイ。その店の酎ハイをがぶがぶ飲めばよいのだ。

ときどき出てくる五代目息子さんが、肩を振ってせかせか歩くのがお父さんそっくりでほほ笑みがわく。明治の建物は傾き、やむなく基礎から建て直したが、内装はできるだけ再現し古い戸なども残した。しかし厨房だけは清潔第一、ステンレスぴかぴかの最新に一新した。居酒屋の建替えは、こうでなくてはいけない。居酒屋の居心地は建物とともにあり、古ければ古いほど良く、少し儲《もう》かってこの際新しくきれいにしようなどと作り替えると、途端に客は離れてゆくものだ。

主人は建替えによる客離れをおおいに心配し、私も相談されたりしたが、結果オーライ。五代目も厨房にいて幸せが顔に出ている。今は何も心配なく仕事に精出すのを生きがいにしているようだ。

北千住には「永見《ながみ》」「大升」など大衆酒場がいくつもある。千住大橋の名店「田中屋」は大正の創業、今の親方は三代目。四代目の息子さんも片腕として力をつけつつあり頼もしい。

ひと駅乗った南千住の「大坪屋」は、JR常磐線と東京メトロ日比谷線の二つのガードに挟まれた間というすごい立地だが、大正十二年創業の老舗《しにせ》だ。ここも焼酎は亀甲宮、酎ハイの炭酸はニホンシトロン。お代わりごとに王冠を置いてゆくのは勘定計算用だ。コの字カウンターは居心地よく、肴《さかな》はほとんど二百円。煮込みは玉葱《たまねぎ》とコンニャクが添えられ、伝票に七味を文鎮代わりにポンとのせて行った。南千住は「鶯《うぐいす》酒場《さかば》」も有名だが割愛してタクシーをひろう。

明治通りから隅田川を渡る夜の白鬚橋は、点々と続く街灯が夢幻世界に導くようだ。橋には、此岸《しがん》から彼岸というか、別世界に入ってゆく期待がある。月島あたりへ飲みに行くために銀座から勝鬨橋を渡るときは、もう仕事のことなんか知らないよという気分が高まる。

タクシーを降りたガード下の「日の丸酒場」という看板に心惹《ひ》かれた。斉藤酒場、大林酒場、大久保酒場、亀島酒場、長野屋酒場、三忠酒場、神谷酒場など、北区、墨田区、足立区、江東区あたりには○○酒場という名前がたいへん多く、いずれも東京の居酒屋の初源的雰囲気を残す。この日の丸酒場も覗《のぞ》いてみたい。

店内はそれほど古くないが、〈あなたは永年理事として……〉と記された向島料飲組合や墨田区長の感謝状が額に飾られる。年季の入った艶《つや》のある風貌《ふうぼう》がいかにも下町らしい七十二歳の主人は二代目、大柄の息子さんが三代目だそうだ。酎ハイで煮凝《にこご》りをつまんだ。創業昭和十二年、ふらりと入った店も六十九年の歴史を持っていた。

次いで水戸街道・四ツ木橋南交差点角、「丸好酒場」の暖簾《のれん》をくぐった。小さな三角形の店内の直角二辺がカウンターだ。少々冷えてきた春の夜に、床に置いた石油ストーブが温かく、ぐつぐつ湯気をあげる煮込鍋《にこみなべ》も頼もしい。

酎ハイは氷は入らず、レモンスライスに炭酸ですっきりとおいしい。一杯ごとに炭酸ニホンシトロンの空瓶を一緒に置くのは計算のためだろう。ここの名物は元祖牛レバ刺と自家製の炭酸だが、残念ながら炭酸製造機がこわれ、修理できる人がいないのだそうだ。

「銀座のお爺《じい》ちゃんはどうしたの」

顔なじみらしい若いひとりが声をかけた。

「前、点検に来たとき、オレが死んだらこれ直せる人はもういないよ、と言ってたのがその通りになっちゃったのよ」

おかみさんが呼んだ合羽橋《かっぱばし》の職人は、ひと目見て「あー、これは直らん」と言って帰ったそうだ。

「手もさわってないのに出張費七千円取ってったのよ、腹立つわー」

そりゃそうだ。また別口は、ビールサーバーと同じと自信たっぷりに持ち帰り、三日後に持ってきて試すと一発で爆発した。

「わははは、情けねー」

「あの炭酸だとやわらかくてうまかったな」

別の客がひとりごちる。そうか、飲んでみたかったな。

湯気をあげる牛モツ煮込みは、刻み葱に甕《かめ》のタレをかけて出され、薄い味噌《みそ》でたいへんおいしい。ニンニク、玉葱、ゴマなどで作るという秘伝のタレはレバ刺にもちょいとかかり大活躍だ。

丸好酒場を創業した、おかみさんの主人の父は、一ドル三百六十円の時代にヨーロッパを一周してきたそうだ。カメラが趣味で、壁に飾った自分で撮影した店の古い写真は、外看板に焼酎二五円、清酒並八五円、ビール一三五円とあり、ビールが高い。

「おじいちゃんはハイカラな人だったのよ、生きてりゃ百かな」

ご近所らしき奥さんが丼《どんぶり》をもち、煮込みやレバ焼きを買いに来る。家で誰かが楽しみにしているのだろう。見ていた客のひとりが「おれも、オミヤ」とレバ焼きを注文した。

曳舟《ひきふね》川通りをぶらぶら歩き、「大衆酒場岩金」の紺暖簾をくぐった。酎ハイを頼むと氷とレモンスライスが一片入るグラスに、一升瓶の焼酎をカップで計量して入れ、炭酸を注いで出された。丸好酒場の酎ハイは無色透明だったが、ここのは薄茶色だ。焼酎も炭酸も透明だからこれには何か入っている。私はピンときた。

下町ハイボールの秘密のエキス

東京東の下町酒場には昔からハイボールと黒ビールがつきもので、煮込みを加えれば下町酒場三点セットとなる。そもそもハイボールとは戦後流行したウイスキーの炭酸ソーダ割だ。丸好酒場でも昔はハイボールといえばウイスキーだったが、次第に焼酎ハイボール、酎ハイに代られた。

さてその下町ハイボールには必ず使われる不思議なエキスがある。ハイボールが評判の勝鬨《かちどき》の老舗立ち飲み屋「かねます」、三ノ輪の古い居酒屋「遠太《えんた》」で作り方を聞くと、どちらも秘密のエキスを入れると言う。「それは、もしかして電気ブラン？」と尋ねたが「違う」と笑い、教えてくれない。〈下町ハイボールの正体不明の秘密のエキス〉と雑誌に書かれたこともある。いい機会だ。ずばり聞いてみよう。

「この焼酎は何で割ってあるの？」

「テンバ」

「テンバって？」

「これよ、いつも届けてくるの」と見せた瓶は、「天羽乃梅」（天羽、は読み難い字体だがよーくにらんでいると見えてきた）と書かれた古風なラベルで、中身は薄茶色だ。ははあ、わかった。想像するに、甲類焼酎はウイスキーのような風味は無いから、これを入れるのだろう。

後に銀座の、こちらはサントリーウイスキー角瓶と神戸ウィルキンソンタンサンでつくる本格ハイボールが人気のバー「ロックフィッシュ」に行くと、その天羽乃梅の一升瓶があり驚いた。

「なんでこれがここにあるの？」

「なんでこれ知ってるんですか！」

互いに驚きあったが、これはチャンスとじっくりラベルを見た。

〈清涼飲料水（き釈用）無果汁　原材料：酸味料・香味料・着色料（茶4赤2青1）・保存料（安息香酸《あんそくこうさん》Na）天羽飲料製造有限会社　台東区竜泉《りゅうせん》……〉

ここで使うのではないが、やはり下町ハイボールの秘密のエキスが気になり調べて、竜泉の会社で買ってきたという。他にレモン、ぶどう、ガラナ、ワイン用、ウイスキー用エキスもあるそうだ。

「大はしも、かねますも、宇ち多゛もみんなこれですよ。亀甲宮、テンバ、ニホンシトロンで下町焼酎ハイボールができます」

銀座のバーなのに下町居酒屋事情をよく勉強している。

ニホンシトロンは千葉県松戸で作られている炭酸で、高級なウィルキンソンタンサンよりもガス圧が高く、そのぶん早く気が抜け、ここの氷を入れない正統ハイボールには向かないそうだ。ニホンシトロンの瓶には英語で〈人体では生産できないカルシウム、マグネシウム、ナトリウム、ほかミネラルを加えている〉とある。水と炭酸ガスだけではないのだ。ちなみにウィルキンソンタンサンは神戸六甲《ろっこう》の天然硬水で作られるところに価値がある。

似たようなものでやはり下町に多い「ホッピー」は、焼酎で割ると泡が立ってビールのような風味になる。下町ではビールは高級品でなかなか頼めなく、代用品が考案されたのだろう。

「うちのは濃いのよ」

娘さんが強調するのは、テンバを多めに入れるということか。ここの炭酸は〈向島・早川真弘商店製〉だ。東京居酒屋のルーツ下町には独特の飲み方がある。

岩金は創業昭和三十七年。〈表彰状　岩金酒場様〉といくつもの額が飾られる。さきほど帰られたのが、八十歳になるという主人だろう。暖簾に入る〈岩金友の会〉や壁の岩金主催釣友《ちようゆう》会番付表がこの店の信用をものがたる。

さて。岩金を出るとさすがに酔ってきた。夜空に中天の月が寒々しい。ドレミーレド……。暗い夜道をチャルメラを吹きながらゆく夜鳴きそば屋台が泣かせる。

このあたりは東向島。水戸街道の隅田川寄りは旧玉ノ井の私娼街《ししようがい》だ。永井荷風《かふう》は麻布偏奇館《へんきかん》から隅田川を渡って玉ノ井に通い詰め、昭和十二年『濹東綺譚《ぼくとうきたん》』を発表した。私も麻布に長く住んだ。おいらは平成の荷風だぁ〜、お雪に逢いたい〜。闇夜《やみよ》に叫んでも返事はなく、やって来たタクシーに手を上げた。

曳舟川通りから四ツ目通りに下り、北十間川《きたじつけんがわ》を越えてたどり着いたのは業平《なりひら》の大衆酒場「松竹」、最寄り駅は押上《おしあげ》だ。浅草通りを西にゆくと吾妻橋、渡ると浅草になる。

夜おそくにL字カウンターはいっぱいだ。酎ハイは焼酎とテンバ、炭酸は千住で作っているキクスイドリンク。煮込みはモツ、コンニャク、葱に白味噌で汁多し。どこに入っても酎ハイと煮込みで、注文がラクだ。

松竹は創業昭和三十三年。母娘でやっており、創業は母のおしゅうとさんとのこと。壁に〈レバー（肝臓）は褒めすぎることのない栄養貯蔵庫です〉と烈々と書き連ねた貼紙《はりがみ》がある。午前中までは生きていたモツの新鮮さが自慢で、レバーはすべて触って選び、夕方までに下ごしらえをする。

では焼いていただこう。七十八歳になるお母さんは松戸のおせんべい屋さんから嫁いできたそうで、炭の扱いはお手のもの。いとおしそうに団扇《うちわ》を煽《あお》ぎ、炭火を見る目が優しい。はたしてほっこり焼けたレバー、カシラのなんとおいしいことか。

「お母さん、うまい！」

「そうお、ありがと」

さらに優しい顔だ。

「ここのはうまいんですよ」

話しかけてきた隣のご夫婦は、週に最低一回はここに来て三十年。一緒に来ていた娘は結婚し、この間三歳になる孫も連れてきたらレバーを食べてくれ、親子三代ということになりましたと笑う。

「夏は外で風に当たって最高ですよ」と別の客が言う。中よりも通りに置いた机から席が埋まってゆくそうだ。

いいなあ下町。隅田川居酒屋巡り第一夜、そろそろ……。

珠玉の下町居酒屋

「お待たせ〜」

走ってきたのは女性編集者のカオル嬢だ。私が隅田川居酒屋巡りをしていると聞きつけ「ぜひお供を」と同行を申し出た。六軒回った第一夜から一週間が過ぎ、私は体力も回復した。

ここは厩《うまや》橋西詰たもと。川風は先週よりもほんのり春の気配がする。先日川から眺めた橋の上に今日は居る。厩橋は昭和四年架橋。優美な三連アーチは、清洲《きよす》橋が女王の風格とすれば娘の愛らしさがあるけれど、ステンドグラスをはめ込んだ、高さおよそ四メートルもある巨大な親柱から続く曲線の橋梁《きょうりょう》は優美にしてダイナミック。連続する無数のリベットは迫力がある。そこに盃《さかずき》のような形の街灯が踊るように交互に続き、軽快で楽しげなアクセントになっている。東詰に設けた石の大きなベンチも曲線がやわらかい。

「この橋は曲線がモチーフだな」

「そうですか。一軒目はどこですか」

彼女の興味は橋よりも居酒屋のようだ。

一軒目は「牧野」だ。私はシンスケの四代目に言われてから再び行くようになり、人も連れていった。

清澄《きよすみ》通りを越えるとあたりはどんどん淋《さび》しくなり、やがて左に牧野の赤提灯《ちょうちん》と白暖簾が見える。周りは店一軒なく、見過ごしそうな小さな居酒屋だ。

「ごめんください」

声をかけて座った。こざっぱりした店内にテーブル二つと畳の小上がり。格天井《ごうてんじょう》も木の戸や窓もかなり古いが、よく拭《ふ》き掃除され清潔だ。豆皿に柿の種と三角チーズ一つと割箸《わりばし》を置いたのが、十三年前初めて来た昔から変わらないお約束のお通しだ。

届いた鮪《まぐろ》刺身の美しい盛りつけに、カオルが息を呑《の》んだ。竹簾《たけすだれ》を敷いた角皿に、包丁の冴《さ》え鋭い鮮烈な赤身と中トロが、緑の大葉とウゴ（海髪）に映え、あしらいの氷塊が涼味を呼び、しっとりと霧に濡《ぬ》れた一幅の盆景のようだ。

「……きれい」

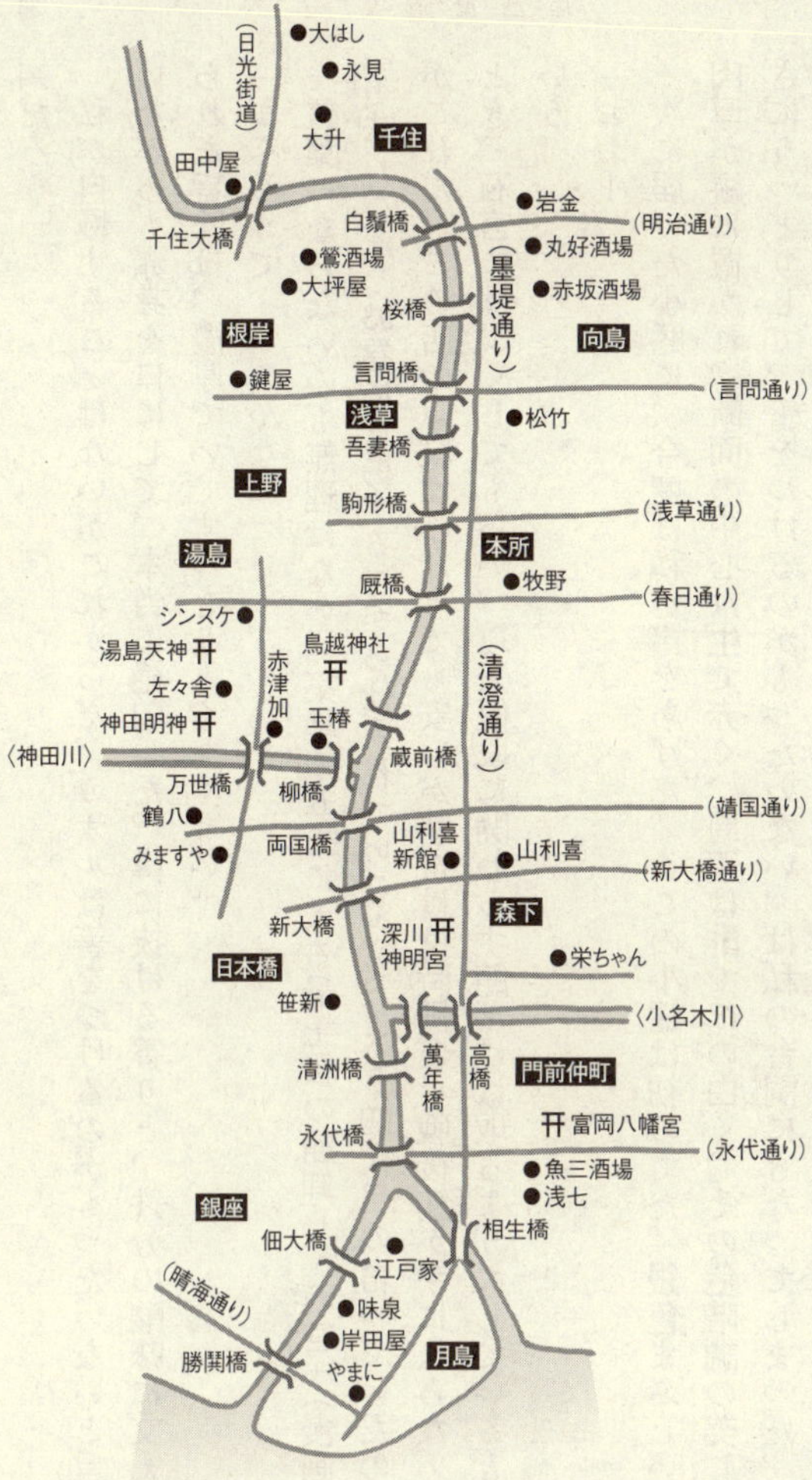

(日光街道)
大はし
永見
大升
千住
田中屋
千住大橋
岩金
白鬚橋
(明治通り)
丸好酒場
鷲酒場
大坪屋
(墨堤通り)
赤坂酒場
桜橋
根岸
向島
鍵屋
言問橋
(言問通り)
浅草
松竹
吾妻橋
上野
駒形橋
(浅草通り)
湯島
本所
厩橋
牧野
(春日通り)
シンスケ
湯島天神
鳥越神社
赤津加
(清澄通り)
左々舎
神田明神
玉椿
〈神田川〉
蔵前橋
万世橋
柳橋
鶴八
(靖国通り)
山利喜新館
両国橋
山利喜
みますや
(新大橋通り)
新大橋
深川神明宮
森下
日本橋
栄ちゃん
笹新
〈小名木川〉
萬年橋
高橋
清洲橋
門前仲町
富岡八幡宮
永代橋
(永代通り)
魚三酒場
浅七
銀座
佃大橋
相生橋
江戸家
(晴海通り)
味泉
岸田屋
勝鬨橋
やまに
月島

「だろう」

私が自慢することはないがこれからだ。カオルは箸をつけるのがもったいないと言いながらも赤身を口にして、本当に絶句した。鼻に抜ける香りと、鉄分の酸味に支えられた旨味《うまみ》は、濃厚でいてすっきりとくどくない。

「まぐろって……こんなに」

言葉にならないのも無理はない。築地の五指に入る最上級の鮪卸し「石宮《いしみや》」（漫画『美味《おい》しんぼ』93巻に登場する）から仕入れているとシンスケ四代目の言っていたのがこれだ。この店の値段はみなとても安いが鮪だけは時価だ。戦後鮪が手に入らないとき、石宮にはよくしてもらい、以来値段に関わらず鮪だけは取るようにしているという。

「おお！」

次に届いた小鰭《こはだ》に、今度は私が声をあげた。ここの小鰭は初めてだ。銀色まぶしい肉厚が縦に置かれ、断面の中心は生で赤く、周辺は酢でほの白く、その色階調の美しさにうっとりして、箸をつけるのがもったいない、は私の台詞《せりふ》にもなってしまった。酢はきちんと効かせているが中心部までは届かず、酢〆《すじめ》と生の絶妙のバランスだ。注文からやや時間がかかっていたのは、その塩梅《あんばい》の間合いなのだろう。

シーン。あまりにおいしいと人は言葉を忘れる。

魚だけではない。菜の花辛子和《あ》えは花穂《かすい》のよいところだけを使い、下には上等な海苔《のり》がたっぷり敷かれる。以前頼んだ絹さやおひたしもそうで、海苔の香りとしゃきしゃきの歯応《はごた》えがたまらないうまさだった。

ゴマたっぷりのいんげんごま和え、高野豆腐煮物のふっくらした甘みの味つけ。それぞれ合わせる江戸前に小粋《こいき》な皿小鉢。目を凝らして味わうカオルは、どんどん言葉少なく、酒はお留守だ。

牧野は創業昭和十六年。創業のお母さんは御歳九十になられてここにお住まいで、ときどきは店を見に降りてくるそうだ。五人の子に恵まれたが、中三人は病死され、今は上と末のお二人が店に立つ。大柄で飾らない人柄に私はファンだ。店の隣のたいへんレトロな交番は今は無人だが、おかみさんは子供の頃チョークを借りて遊び、お巡りさんは醬油《しょうゆ》を借りに来たりした。

「隣にお巡りさんがいるのは何となく安心で、今もいてくれないかなと思うんですよ」

カオルが尋ねた。

「お料理は、お母様に教わったんですか」

「母は、料理は教えられない、と言うんですよ」

料理は、何をスプーン一杯というものではない。横で見て憶《おぼ》え、母の手作りの味の記憶に近づける。この味はそうしてできたものだ。

昭和二十年三月の東京大空襲では「ハナ紙一枚残らなかった」。

「今年は慰霊堂に行くの忘れちゃって」

煙火を逃げるさ中に、親戚《しんせき》の目の見えない子を見失い、その子はお骨も見つからず、墨田区横網《よこあみ》の東京都慰霊堂に合祀《ごうし》された。毎年三月十日は必ずお参りしているが今年はつい、と苦笑する。東京空襲の記憶はまだまだ生きている。

下町の何もない通りにぽつりとある居酒屋が、じつはたいへん古く、超一級の魚を丁寧に盛りつけ、煮物も母の味の最高の洗練だ。構えなく当たり前のこととして誠実に心を込める。こういう居酒屋がひっそりと続くのが、東京下町の懐《ふところ》の深さだ。

黄金ロードを南下する

ルルル……。携帯電話が鳴ってカオルは店を飛びだし、やがて戻ってきた。

「アユがそこまで来ています」

鮎《あゆ》が川に帰るにしてはいささか早い、のではない。カオルの同僚のアユ（名前）も少し遅れて駆けつけると聞いたのをすっかり忘れていた。しかし我々はもうひと通り食べ尽した。

「ちょうど出るところだから厩橋で待てと言え、うまかったと言うな」と耳打ちして牧野を出た。

「ここでーす、遅かったかしら～」

気づいて欲しげに手を振ったアユは焦《あせ》っている。その通り、遅かりし由良之助《ゆらのすけ》だがトボけ、タクシーに手を上げた。

車は清澄通りを南下する。墨堤通りから続く清澄通りこそ、東京の居酒屋の黄金通り。森下、高橋《たかばし》、門前仲町《もんぜんなかちょう》、月島、勝鬨と名居酒屋が次々に続く、居酒屋好きにはこたえられない通りだ。

「アユちゃん、牧野すごいの！　あんなまぐろはじめてよ、しかも……」

コラ！　自慢するなと言っただろう。しかし隠せないものだ。満足そうな我々の顔に、アユは出遅れた悲しみを訴えんばかりに目が濡れている（ようだ）。これはかわいそうだ。

「アユは、山利喜《やまりき》は知ってるかい？」

「それがまだなんです」

「よし、いま東京の居酒屋で人気絶頂の山利喜に、ゴー！」

「やったー！」

タクシーの中で尻《しり》をジャンプさせる。しかし入れるかが問題だ。先日もひとりで行き三十分ほど並んだがあきらめ、別の店に入ったばかりだ。まして今日は三人。そう言うとアユは「がんばります」と意味不明の返事をして前シートにしがみつき、行く手に目をこらした。

「あ、並んでない、並んでない」

車から見えた前方右手の山利喜新館、先日は五、六人行列していた所に今日は誰もいない。「運転手さん止まって！　アユ、走れ！」「はい！」、車から飛びだしたアユは本当に走りだした。

「太田さん、いらっしゃーい」

どたどた駆け込んだ我々に、ひげの主人はのんびりと答えた。タイミングよくカウンターのいちばんよい席が空いている。これはラッキーだ。

「……いいですねえ」

しばし店内を見渡してアユがつぶやいた。山利喜は連日の客の行列に申し訳ないと、すぐ近くにこの新館を作った。本館の行列状態を見たらすばやくここに移動する、またはその逆がコツだ。フランス料理シェフを経た三代目は、新館を思いきったオープンキッチンに設計し、きびきび働く若い衆を見ながら一杯やるのはたいへん心はずむ。伝統居酒屋料理にさりげなくフレンチが忍び込んでいるところが三代目山利喜の魅力で、ワイン担当のソムリエもいる。

「わたし、煮込み！」

お、アユ分かってるな。二代目が考案し、三代目がフレンチのかくし味で完成させたホロ苦八丁味噌《みそ》ベースの煮込みこそ、当店不動の名物で客のほとんどが注文する。ガーリックトーストをあわせて取り、残ったソースをさらうのが通《ツウ》だ。

「太田さん、ほかにおすすめは？」

「ヤキトン。ナンコツは一日十本限定。通はタレじゃ」

「すみませーん、ヤキトーン、タレー」

ハイル、ヒトラーの如《ごと》くすっくと手を上げ注文する。

「カンパーイ」

ングングング……。

アユは生ビール、カオルと私はギネス。日本酒のあとの黒ビールのうまいこと。下町の酒飲みはこれを知っている。

目の前の大きく頑丈な炉で三代目がヤキトンをひっくり返す。

「やっぱり火力ですねえー、この炉だけは金かけましたよ」

悠然たる客相手は、どこかシンスケの親父《おやじ》に似てきたようだ。

「おいしい！」

若き美貌《びぼう》の才媛《さいえん》が右手にビール、左手にヤキトン串《くし》。私と初めて会ったとき「父が太田さんのご本を愛読しております」とソツのない挨拶《あいさつ》をして、私の鼻の下を長くさせたばかりだが。

なじみの店で美女二人に挟まれ私の気も緩み、気分は浅草の踊子を連れた荷風だ。よおし(何が？)。

「カオルさん、あそこのエステ行ってますぅ？」

「行ったの。それがあの人いなくなったのよ！」

話題は私の前を通りすぎる。あのエステもあの人も知らない。ま、いっか。

エステは知らんが居酒屋はよく知るようになった。デザイナーをめざして上京し、ン十年。居酒屋の本を書く人になるとは思ってもみなかった。いつからか居酒屋は日々に欠かせないものになった。私の居酒屋とは何だろう。

「泥パックじゃなくて岩盤浴がいいのよ」

「あれって、裸で寝てればいいんでしょ」

おいらも隣に寝かせてくれ。そろそろ出るか。

山利喜のアイドルは玄関先の狸《たぬき》の置物で、チップにか小銭を置いてゆく人もいる。こちらの新館にもま新しいのがある。「親戚の石屋が持ってきたんですよ、職人が女のせいかどこか優しいですねー」と聞き、さては雌狸かと思ったが見ると立派なものがぶらさがる。「ぷふー」酔ったアユが「あら、ついてるわ」と撫《な》で、徳利をかつだ狸公がにんまり笑ったように見えた、とさ。

酔いどれ三人をのせたタクシーは清澄通りをさらに南下し、墨田区から江東区に入った。ここにはかつて洲崎遊廓《すざきゆうかく》があった。玉ノ井しかり、洲崎しかり、娼妓《しょうぎ》の町に居酒屋はつきものだ。川島雄三《ゆうぞう》の映画『洲崎パラダイス・赤信号』(昭和三十一年)は、川端の居酒屋を舞台にくされ縁の男女を描き、冒頭シーンは勝鬨橋にたたずむ二人だ。

成瀬巳喜男、川島雄三は私の好きな監督の双璧《そうへき》。どちらも隅田川に沿う映画を撮ったのは嬉《うれ》しい。ヤルセナキオとあだ名された成瀬は人付き合いを避け、目立たぬ居酒屋でひっそりと盃《さかずき》を傾けたが、ダンディな川島は女優にもて、日比谷の日活アパートに住み、銀座のクラブを流して歩いた。おいらの気分は、この間は成瀬、今日は川島。

ようしカオルとアユを、川島ごひいきの若尾文子《あやこ》と南田洋子に見立て、最後はザギンでちょいワルといくか。

次は深川「栄ちゃん」の予定だったが、今夜は魚はもうたくさん食べた。

「次は月島ァ」

「岸田屋ァ！」

よく知ってるなー。

「栄ちゃん」は先日山利喜がいっぱいで入れなかった後に行った。ここも十三年ぶりだ。私は再訪した牧野の経験から、昔なじみに顔を出すことに興味がわいた。玄関を開け、昔、本に書かせてもらった太田うんぬんと挨拶《あいさつ》するまでもなく「いやあ……」と満面の笑みで迎えてくれ、無沙汰《ぶさた》の心苦しさは一気に解消した。

ここも魚料理がすばらしい。時季の若いニシンをきつめに酢〆し、海老《えび》のおぼろと和え、針生姜《はりしょうが》を添えたお通しのなんと江戸前で粋なことか。「花見に最高です」と主人が言うのもいい。おこぜ刺身は薄造りと書いてあるのに厚切りで、そう言うと「そりゃ厚いほうがうまいですよ、フグだって」と嬉《うれ》しい言葉。春野菜炊《た》きあわせ、山うど若布《わかめ》酢味噌、メカジキのカマ焼と春を楽しみ、主人はそれとなく煮魚を試してほしそうだ。望むところ、大好物の煮魚は初めから頼むつもりでいたが、その日の品書に私の好きな春告魚・メバルはなく、キンキじゃちょっと大きすぎると思案していた。

「煮魚は、何がいいかな……」

「アイナメどうですか、はしりでメバルに負けませんよ」

待ってましたと主人が乗りだす。そうしておよそ二十分。主人は黙って煮魚に専念し、届いた丸く太いアイナメ煮魚はさすがの力作かつ大作で、こんどは私が皿に専念した。

「……ああうまかった」

「きれいに食べていただけました」

皿の隅にまとめた小骨の山に、熱々おしぼりを持ってきたおかみさんも満足げだ。

「骨湯にしませんか、父なんかがよくやってましたよ」

下町では煮魚の残った骨に熱い白湯《さゆ》を注ぎ、骨湯にするという。

壁の写真に、帝国ホテルの名グランドシェフだった村上信夫《のぶお》氏と並んで写る貫禄ある人は、主人が若い頃から世話になった人で、築地市場で「納め」（魚介を地方の料亭などに発送する仕事）をやっていた。男っぽい気っ風《きぶ》で「栄ちゃん」と言えば知らぬ人はなく、世情騒然とした頃、過激派の学生をつまみ出し、川にたたき込んだこともあるそうだ。店はその名をもらったという。

「気骨ある築地人も少なくなりましたよ」

すでに亡《な》くなられたその方を一途《いちず》に尊敬している様子が気持ちよい。

主人は昭和二十四年生れ。店は三十三年になるが、この辺じゃ新参者と控えめだ。近くの深川神明宮《ふかがわしんめいぐう》で祝言《しゅうげん》し、祝い膳《ぜん》の料理は自分で支度した。栄ちゃんは最上の大鯛《おおだい》を届けてよこし、身内だけの小さな披露を立派にしてくれた。

「何しろこの辺は昔ふうでしょう」

角隠し、羽織袴《はかま》で近所に挨拶して回ったと、おかみさんがしみじみと言う。両国の花火は親戚の二階の特等席に一同集まるのが恒例で、あの頃は楽しかったなあと主人も懐《なつ》かしげだ。両国花火は今は桜橋に移り、人出に閉口してあまり行かなくなった。

――まさに深川情話。この店は高橋の交差点から商店街をかなり歩き、店も全くなくなった淋《さび》しいところにぽつりと明りを灯《とも》す。夫婦ふたりの小商いで、誠実、情味のある仕事を続ける姿に、久しぶりに訪れた私はたいへん清々《すがすが》しいものを感じた。土産にいただいた海苔弁もまことにおいしかった。

居酒屋とは何か

「ついたぞ〜」

降りたところは月島西仲通り商店街。煌々《こうこう》と明るいもんじゃ焼きの店はどこも若い男女会社員らしきグループで満員だ。

「太田さんは、もんじゃはいかがですか？」

「あんなもの、あれはオモチャ」

「つつきあう相手次第でもありますよね」

「そういうもんじゃない」

私のしゃれは二人に通じない。

岸田屋こそは、およそ二十年前、銀座に勤めていた私が思いつきで入り、居酒屋の魅力に気づいてゆく原点になった店だ。大衆居酒屋の居心地、何十年も地元の心のよりどころとなって続いている古さ。化粧品会社の宣伝デザイナーとして時代の先端を、流行のトレンドを作りだす日々とそれは対極にあった。

「いらっしゃいませ、お久しぶりでございます」

岸田屋の創業は昭和十八年。創業の主人は亡くなられたが奥様と娘さんが続け、向いの客と話もできる極細コの字カウンターも、貼《は》り重ねた大相撲番付表も、菊正宗《きくまさむね》美人画ポスターもなにも変わらない。

「ここも、おすすめは煮込みだ」

「ですね」

もう決めている。大はし、山利喜、岸田屋。以前某誌に書いた〈東京三大煮込み〉はいつの間にか流通する言葉になったようだが、今回の下町居酒屋巡りで改めてすべて味わい、さらにいくつかの店の味を知った。

こんな時間の若い女性客二人に、隣の中年客が早くも話しかけた。

「要するに、自分ち代わり」

「かあちゃんが、めんどくさいから岸田屋行っといでって言うんだ、ははは」

そんな声が聞こえる。

正面の〈大衆酒場　岸田屋〉の大扁額《へんがく》はかなり貫禄づいたが、勢いのある筆致は変わらない。扇額の恵比寿《えびす》面もだいぶ色黒になったが、福々しい笑顔はますます艶《つや》を放つ。変化のはげしい時代に、時間をかけねば生れてこない価値はますます大切に思える。

「太田さんにとって、居酒屋とは何ですか?」

カオルが尋ねた。うーん、ベタな質問だが……。

先日、今日と訪ねた古い居酒屋の数々を私は思いだした。どこにも客がいた。その多くは迷わずカウンターに座る。中に主人はいるけれども、客たちが見ているのは主人ではない。見ているのはそこにある知らぬ客同士の気持ちの一体感だ。話はしないが、この店のよさ、ここで酒を飲み心を解放する心地よさを共有する連帯感だ。二、三人連れでもカウンターに座り、互いに話すよりも黙って中を見ているのは、共にこの空気を共有しようとして来ているのだろう。

「……平凡だけど、心のよりどころ、かなあ」

岸田屋にはじめて入った頃の私には、心のよりどころがなかったのだろうか。仕事は脂《あぶら》の乗っていたころだ。友人も大勢いた。しかしひとりで古い居酒屋に座り、虚空《こくう》を見つめて覚えた安息感は何だろう。

それは「古い」居酒屋であるところに意味があったと思う。人は新しいものばかりでは疲れる。ある年齢に達すると、古くから変わらないものに心ひかれてゆくのは、そこに不動の価値を見るからではないだろうか。人生経験を経て、自分なりに不動の支えを持ちたい気持ちがそうさせる。私は新しさばかりを追いかける日々に、あき足らないものを感じはじめていたのかもしれない。

そろそろ閉店のようだ。今日は女性と一緒で私は楽しいが、二人は若い。古い居酒屋ばかりにつき合わせては申し訳ない。よーし、もう一軒。

「次はもっとも最近みつけた、生きのいい店。酒もいいし、カルパッチョもある」

「わーい!」

目指すは隅田川西の柳橋。開店四年目の「玉椿《たまつばき》」は、同じ店に働いていた気の合う男女四人が始めた若々しい覇気のある居酒屋だ。新しい店もいい。どんな老舗《しにせ》だって最初は若い。若い店を見続けるのも気持ちのよいことだ。

タクシーが勝鬨《かちどき》橋を渡ってゆく。この橋の下から隅田川を上り、町を歩いて再びもどってきた。巨大な鉄の橋梁《きょうりょう》はライトアップされ、明りの入った街灯が次々に後ろに流れてゆく。東京はなんていい町だろう。居酒屋のある町はなんてすてきなんだろう。

「まだまだ、飲むぞ」

「ゴー!」

アユが前に向けて高々とこぶしを突きだした。

(二〇〇六年書き下ろし)

ほろ酔い周五郎巡礼は
浦安の豆腐から

「初夏の浦安を歩いてビールでも飲みませんか」

いつもの同行者が魅力的な電話をかけてきた。魅力的とは、浦安（イコール）山本周五郎『青べか物語』の舞台（イコール）開けっぴろげにたくましく生きる庶民の町プラス新鮮な江戸前アオヤギ小柱を肴《さかな》に気安く飲める居酒屋のある町（に違いない）、とつながるからだ。

「いく、いく、いつでもいい」

私は即答した。どうせヒマなんだ。三年続いた連載「ニッポン居酒屋放浪記」も終わり、そのときの相棒同行者と酒を飲む機会もなくなり、久しぶりに一杯やりたいと思っていた。

五月〇日。東西線浦安駅出口集合と決まり、ひとり都内から電車に乗った。私は浦安ははじめてだ。

昭和三年（一九二八）、文学志望の貧乏青年、二十五歳の山本周五郎は〈ぶらりとスケッチに出かけ、風景が気に入って〉住みついた浦安におよそ二年滞在し、その間のメモをもとに三十年後、五十七歳で『青べか物語』を発表し代表作となった。

「習作はありますが、やはりこれだけの年月をかけてあたためるほど、山本さんには大切な素材だったんでしょうね」

解説してくれるのは山本周五郎研究の第一人者、木村久邇《くに》典《のり》先生だ。のん気に居酒屋のハシゴでもと思っていたが甘かった。今回は周五郎の勉強だ。『青べか』読み直しといてよかったナ。

五月の空は快晴。日ざしはまぶしく、江戸川を越えただけで明らかに空気の質感がちがう。まず、浦安の古い町並を歩いてみることにした。同行者もはじめてで、頼りは久邇典先生だ。

〈浦安名物焼蛤《やきはまぐり》〉の二軒続く通りの、波板トタン貼《ば》り天ぷら屋の風情《ふぜい》がいい。

「あそこは良さそうだ」

「マークしときましょう」

周五郎よりも昼めしに熱心な我々に先生はいぶかしげだ。足裏にザクザクと感じる道はよく見ると貝殻の破片が多い。

「まだ貝を採っていた頃、貝むきの殻を道にまいたんです。その名残りですね」

先生が解説する。周五郎が小説で「浦粕《うらかす》」と表わした浦安は、明治二十二年（一八八九）、今も地名の残る当代島《とうだいじま》、猫実《ねこざね》、堀江《ほりえ》の三村が合併し、初代村長・新井甚左衛門が、浦（漁場）の安泰を祈りその名をつけた。

古い庚申堂《こうしんどう》や日露戦役紀念碑のある道は三叉《さんさ》路《ろ》、五叉路が多い。猫実と堀江を分ける境川《さかいがわ》の橋のたもとの舟宿を「ああ、これは昔のままだ」と先生は写真にとった。

商店や食堂の並ぶ堀江フラワー通りに末廣湯、米の湯、寿湯と銭湯が三軒もあるのは漁師町の名残りか。また寿司《すし》屋が多く、どこも江戸前がつく。

「日本に寿司屋多しといえども、ここほど江戸前を名のれる所はないですね」

「ハハハ、そうですね」

先生が笑って答える。

「そこに、そば屋もありますが、先生は昼食は何がよろしいですか」

「あ、僕はなんでもいいですよ」

我々ほどこだわりはないようだ。

通りを出た橋の近くの小さな木造一軒家に「とうふ埼玉屋」と大看板が上る。何となく中へ入り、出てきたお婆《ばあ》さんの、そのお祖父《じい》さんの代からというからもう相当古い。白タイルの水槽に沈む豆腐がうまそうだ。冷奴《ひややっこ》でビールもいい。

「木綿ひとつ」つい買ってしまった。

ひと回りし、さっきの天ぷら屋「立花家」に入った。夏らしく簾《すだれ》が下がり、紺のれんにガラス戸と昔ながらのひなびた料理屋だ。

「先生は何を」

「そうですね、天丼《てんどん》をいただきましょうか」

「太田さんは」

「車子《しゃこ》わさとビール。小柱があればそれも。そのあとかき揚入り上天丼に赤だしつけて」

先生がじろりと私を見る。まずビールが届いた。

「先生、ひと口いかがでしょう」

「あ、そうですね」

ングングングング……。

さわやかに晴れた初夏の昼間のつめたいビールほどうまいものがあろうか。しかも軽く汗ばむほどに歩いた後なのだ。ひんやりした車子と小柱がまたうまい。

『青べか』の語り手・蒸気河岸《がし》の先生もよく酒を飲み、それを浦粕の人間は放っておかない。食堂でビールを一本とりカツ・ライスを食べていると、その後、青べか（青く塗られた底の浅い小型のべか舟）を売りつけることになる狡猾《こうかつ》な老人が目の前に座り、思わせぶりに「ビールをコップに一杯くんねえか」と注文する。おかみに「そんなこと聞いたこともねえ」と断わられ「いや東京ではやっている」と押問答になり、先生は次第に罠《わな》にはまった事を自覚し、老人にビールを注《つ》がねばならなくなる。昭和三十七年、川島雄三《かわしまゆうぞう》により映画化された『青べか物語』では、蒸気河岸の先生の森繁《もりしげ》久彌《ひさや》よりも、この狡賢《ずるがしこ》い芳爺《よしじい》を演じた東野英治郎《とうのえいじろう》が絶品だった。

またこんな一節もある。

料理屋に何も知らない客が入るとたちまち女たちは、ビールだ酒だ丼《どんぶり》ものだと注文して大騒ぎの揚句酔いつぶし、翌朝目もさめる勘定書をつき出す。それを知った先生は用心しながらビール一本と二人の食事を注文する――。

はたせるかな、と云《い》ってもいいだろうが、私と友人が坐《すわ》るとまもなく、潮やけのした逞《たく》しい躰軀《たいく》の女性が三人、手に手にビールを二本ずつ持ってあらわれた。

――ちょっと待った、と私は片手をあげて云った。そこでちょっと待ってくれ。

彼女たちは廊下で立停《たちどま》った。

――よし、と私は云った。そこでビールを下に置いてくれ、みんなだ、いや、みんな持っているのを下に置くんだ。（中略）右側にいる小柄な女中に向って、君がビールを一本だけ持ってこっちへはいって来い、「君だけ」であり、ビールは「一本だけ」であり、ほかのお嬢さんもビールも絶対に不要である、と極めて明確に宣言した。

すると十六歳の娘の一人は、まあ憎たらしいといきなり体当りして先生を押し倒し、馬乗りになって太腿《ふともも》で胴を押さえつける――。

裸で、行動的で、絶対に自分に有利に事をはこぶ浦粕の人々が生き生きと描写される。

「太田さん、これどうします」

同行者が豆腐を指した。そうだ豆腐があった。台所をうかがうと、さき程からてきぱきビールを運ぶお姐《ねえ》さんと、腕の太い屈強な感じの白衣の板前がいる。

「あの」私は手を上げ、お姐さんを呼び「まことにすまないが成行上この豆腐を買い、置いてゆくわけにもいかないので、できればここで食べてしまいたいが如何《いかが》か。よろしければ醬油《しょうゆ》を少し分けてもらいたい」と周五郎よろしく、くどくどと申し立てた。

彼女は黙って豆腐の袋をつまみ上げ奥へ運んだ。

「何ィ、トーフ!?」

板前の太い声に首をすくめる。やがて皿に豆腐が一丁のまま切られずにのり、刻みネギと削り節がこれでもかというくらい盛大にかかって持ってこられた。

「はい、醤油」

恭《うやうや》しく受けとりサーッとまわし、箸《はし》で豆腐を切り崩しひと口。大変うまかった。

浦安へ来た周五郎はまず舟宿吉野屋(小説では千本)の二階に住んだ。目端がきき〈唯一の相談相手〉である小学生・長《ちょう》はその三男である。久邇典先生は『青べか物語』の発表された翌年、周五郎の「三十年後」の後日譚《ごじつたん》取材に同行し吉野屋を訪ね、三十年ぶりに長に会ったにもかかわらず彼が周五郎を全く憶《おぼ》えていなかったという場面に立会っている。昼食をすませ吉野屋へ向った。

吉野屋はこのあたりの舟宿では一番大きく、メバル、シロギス、カワハギ、アナゴ……等と書き記した高さ六尺余りの大看板をずらりとコンクリート堤防に立てかけ、家の建物腹には〈山本周五郎著「青べか物語」の船宿千本〉と大書される。この時間に船は出払い、釣《つり》用具の少し並ぶ待合所はガランとして、奥にタオル鉢巻の男がひとり、椅子《いす》を並べ眠っていた。

江戸川の堤防に立つと一気に視界がひらけ、潮風が頬をなでた。浦安橋のかかる右手上流の砂州・妙見島《みょうけんじま》は缶詰工場・石灰工場があると書かれたところだ。百二十メートルほどの対岸は東京の東のはずれである。昭和四十四年に東西線が開通するまで浦安は船の交通をたよりとしていた。

「それにしても変わりましたね」

高い堤防から南にひろがる大展望を見て先生がつぶやいた。ここが海苔《のり》や魚貝の大《おお》干潟《ひがた》「沖の百万坪」だった所だ。今は小さな住宅が彼方《かなた》まで続き、その先はディズニーランドである。

「沖の弁天様は今でもあるんですか」

同行者が尋ねた。小説には〈荒地の中に一筋の道があり、ひねくれた枝ぶりの、小さな松並木が沖の弁天社《べんてんやしろ》まで続いている〉と書かれている。

「浦安再訪の時見に行きました。泥道で長が山本さんをおんぶしてね。しかし、さて――」

見渡す限りの家並に見当がつかないようだ。カンを頼りに沖の方へ歩きはじめ、通りの老人に堀江川沿いの「清瀧《きよたき》弁財天」に統合されたのではないかとききき、そちらへ向った。

ぎっしりといっても二階建住宅ばかりの中に広い道路が直線に続くのは、埋立造成地だからだろう。ぽかっと空いた場所に建つ清瀧弁財天は小さな池や太鼓橋もあり立派だが、解説板に沖の弁天のことは記してない。管理人は、堀江の本社・宝城院清瀧神社できくとわかるかもしれないと言う。用事のある久瀰典先生はここで帰られ、我々は清瀧神社へ向った。

そこの宮司さんによると、沖の弁天は統合されておらず、そのあたりの地主で弁天の持主だった内田さんが知っているかもしれないそうだ。

「子供の頃によく憶えてますよ。小高い丘で松の木が何本かあって。なくなったのは昭和四十年頃ですかねえ」

通りをはさんだ内田家は三階建の立派なお屋敷だ。ベルがなく、開いた木戸から庭へ入り声をかけても返事がない。

「うーん、ここまでわかったのになあ」

文学史上の発見をと意気ごむ同行者は残念そうだが、留守では仕方がなかった。

再び境川に出た。上流の水門が山口瞳の描いた絵の風景に似ている。山口瞳は「新潮現代文学17　青べか物語・さぶ」の装画を依頼され浦安に四泊し、絵を仕上げた。周五郎は殆《ほとん》ど他作家と交流を持たなかったが、デビュー間もない山口には自分から会いたいと席を設けたという。

橋から見おろす淀《よど》んだ川面《かわも》に、青いペンキのはげた舟が半分水に浸《つ》かったまま繫《つな》がれている。堤防から下におりてみた。干潟をすべってゆくための浅い平底は、これが「べか舟」だろうか。中にたまる水には緑の藻が浮き、もはや廃船だ。立札に貼紙がある。

〈この物件は長期間放置された状態にあると認められます。……持ち主の方は速やかに撤去されるか、又は平成9年11月30日までに……浦安市〉

持主はおそらく現われないだろう。

浦安、よいとこ？

「さあて」私は背のびをした。周五郎もいいが（オットト）酒だ酒だ。文学紀行と称して（コラ）私は油断なく居酒屋をチェックしてきたが、居酒屋自体がとても少い。腹も空《す》いてきて駅近くのパブ風居酒屋「味道楽」に入った。上は山口瞳の泊っていたホテル醍醐だ。

ングングング……。

本日二度めのビールを流しこんだ。今の季節なら好物のメバルだ。江戸前とは言わないが。

「メバル煮付に、まぐろづけ」

「僕は地獄ヤッコにバクダン」

バクダンは納豆、ウニ、マグロ、イクラ、イカ刺、卵黄、タクアンを混ぜたものだ。

「君はそういうの好きだね」

「太田さんだって徳島で食べたじゃないですか」

そうだったなあ。酒は手取川《てどりがわ》、おんな泣かせ、三千盛《みちさかり》、歓《よろこび》の泉……。まあまあがそろい、なんでもありの居酒屋だがくつろげる。

「……しかしここは周五郎とは何の関係もないな」

「ま、そうですね。ただ飲んでるだけ」

我々は反省し（ハシゴしたくなり）そこを出て西口の方へぶらぶら行った。そろそろ町は夜のとばりが降りてきた。

「オ、あったあった太田さん」

同行者が通りの向うを指さした。古びたアーケードに看板がある。

〈小料理青べか〉

「これは発見ですよ！」

「ウム、これなら文学紀行になる」

道路を走って渡り、ガラス戸をあけ、中にママさんが二人いる小さなカウンターに座った。正面に、青べか丸と書いたべか舟の舳先《へさき》を飾り、下には櫂《かい》もある。本日三度めのビールを注文した。

「店の名前はやっぱり山本周五郎の」

「そうよ。ウチは古いのよ。『青べか慕情』って本にも出たのよ」（後にその本を見ると昭和五十四年の写真が確かに載り、その日の我々とちがい満員だった）

東西線が通って浦安は一変した。今まで遠い地だった東京が身近になり、建設ブームで人が増え、その頃が一番景気がよかったという。

「今はダメ。東京から帰ってきてまた飲む人はいないわ」

沖の百万坪のゆたかな干潟が、拡大する東京の開発にのみこまれ、ついにはすべてが人工の埋立地となったのが浦安の近現代史のようだ。埋立てられたのは干潟ばかりではあるまい。『青べか物語』はかつて本能のままに生きていた浦安の人々の神話であるのかもしれない。

「そうそう、そういう事を書けばいいんです」

同行者はおだててるのかバカにしてるのか。

青べかを出て、昼歩いた猫実から堀江にまた行ってみたくなった。私はあのあたりの古い浦安がとても気に入った。

夜になると道がわからなく迷い、境川の江川橋に出て見当がついた。昼と逆に通りをたどり、突きあたると清瀧神社だ。

「あ、そうか。すると内田邸は？」

ふりむくとそこが内田家の正面玄関だ。昼は裏口から入ったのだ。玄関は明るい。

「どうする？」

「ここまで来たのなら」

意を決して玄関を入りベルを押すと、お婆《ばあ》さんが出てきた。

「……そうですよ。私はここへ嫁に来て五十何年ですが、沖の弁天はこんな大きな木があって井戸からはいい水が出て、そのあたりの小作の昼の憩《いこ》いの場でね。毎年初午《はつうま》は人を集め赤飯たいて酒出して、にぎやかにお祭りしてました。清瀧よりもっと古いです」

我々は身じろぎもせず耳を傾けた。

「それが百万坪に海の水じゃんじゃん入れはじめて木も枯れてきてね。土地改良の人に、残してくれ残してくれと散々言ったんだけど、東西線が来たらもう宅地になっちゃって……」

「ご本尊はどうされました？」

「ありますよ、うちの庭に」

「え！」

すみませんがと庭へまわり、よく見ると稲荷《いなり》の脇《わき》の高さ三十センチほどの石像が弁財天だ。

「……ここにあったのか」

我々はうめくような声をあげた。今も毎月一日、十五日は榊《さかき》を上げているそうだ。

ローソクを頂き、灯明をあげ、しゃがんで手を合わせた。

「山本先生、沖の弁天様は今ここに移っています」

突然の訪問を詫《わ》び、礼を言って外へ出た。

「やったな、文学史上の発見！」

「寿司《すし》屋でビールいきましょう！」

「その前にひと風呂《ふろ》だ」

三軒で最も古そうな銭湯・末廣湯に入った。

ふう……。

天井高く明り採り窓のある古い古い銭湯だ。番台のおばさんに聞くと七十年ほどたつらしい。周五郎もこの湯につかったのだろうか。

「ビール、それにつまみ何か。そうだな、鳥貝、平貝、あと小柱」

とうふ埼玉屋近くの「江戸前　若駒寿司」のつけ台に座り素早く注文した。

ングングング……。

本日四度めのビールがまたうまい。浦安のビールはうまい。

「江戸前って言うけど……」

「今はみんな築地《つきじ》です。私が始めた四十年前は皆、江戸前でしたがね」

渋い年配主人は精悍《せいかん》な面持ちが残る。

「でもアオヤギくらいは」

「アオヤギだけですよ。ですがこの辺の寿司屋にはないです。皆家で食べるから」

そうかあ。アオヤギは大好物だが。

子供の頃はよく百万坪で鮒《ふな》や鯉《こい》や鰻《うなぎ》をとったそうだ。その頃は田んぼは舟で行き、そこに乗せてもらって遊びにゆく。両国の花火は浦安中の焼玉ニタリ舟が、総出で見に行った。

「土地埋立てで漁業権売っちまいましたからねえ。当時でン千万円。一時《いっとき》景気よかったけど、今どうしてますか。埼玉屋？　あそこは百年はたってるでしょう」

『青べか物語』に豆腐は出てこないが、百年続いているのであれば、山本周五郎がその豆腐を食べたとは十分考えられる。私は次第に周五郎の気に入った浦安が肌に感じられてきたように思った。

「ヨーシ、もう一軒」

暗い通りの小さな居酒屋に入った。カウンターは年寄り三人が占領し、我々は入口近くに並んで座った。

「酒、燗《かん》ね」

「へい」

巨大な二合徳利《とっくり》の酒はベタベタと甘く、今どき珍しいまずい酒だ。カツオのアラを煮た突出しは、いつ作ったのかわからないフルーイものでこれはあぶない。

〽浮ーかーぶゥウゥ　夜霧の　アア第二国道ォオ
耳をつんざく隣の爺《じい》さまのカラオケに鼓膜が破れそうな上、煙草《たばこ》を吸いながら歌うので、吐き出す煙が私の顔に吹きつけられたまらない。

「ちょっとケムいんだけど」

「遠慮することねーさ、兄さんも俺の煙吸うだよ。タダだでよー」

「カラオケ歌うべ、ほれ何番だァ」

歯の欠けた口を開け挑戦的に笑う顔は東野英治郎に似て、ぐーっとこちらににじり寄ってきた。

「キ、キミ」

「何ですか太田さん、聞こえません」

「か、帰ろう。銀座で飲み直そう」

浦安に十泊した山口瞳は、ここが自分の住む国立よりもはるかに銀座に近いと知り、夜な夜な出て行き、銀座で飲んで三十分後には床に入れるシアワセを満喫していたのである。

「キミ、僕はやっぱり都会派だよ。来週横浜行こう」

我々はほうほうの態《てい》で夜の浦安を逃げ出し、タクシーで銀座へ向った。


酒を飲むのも巡礼だ！

一週間後、横浜桜木町《さくらぎちょう》駅に我々は再び集まった。山本周五郎は戦後横浜に住み、そこで生涯を終えた。その旧居を訪ねてみよう。

「お昼は、八十八《やそはち》の鰻でどうですか」

久邇典先生は我々の取材方法を理解してくれたようだ。周五郎は当時住吉町《すみよしちよう》にあった「八十八」へよく通ったという。

太田町《おおたまち》へ移った今の店の小さなのれんを分けカウンターに座った。二階もあるようだが小さな店だ。壁に〈今日無事　山口瞳〉の大きな額。行く先々にこの人があらわれる。山口瞳は周五郎の愛用した小部屋を好んで指定したそうだ。今日無事、であればよいが。

「とりあえず……」

今日も快晴ビールがうまい。先生の乾杯スタイルも板についてきた。ふっくらした鰻はおいしかった。

周五郎が居を構えたのはここからひと山こえた中区本牧《ほんもく》元町である。タクシーが第二山手隧道《トンネル》をくぐると本牧の古い商店街になり、やがて高級でもなく庶民的でもない落ちついた住宅街になった。

「先生は久しぶりですか」

「そうですね、山本さんの奥様が亡《な》くなられた時以来だから、十年ぶりくらいかな。

オ、これは懐《なつか》しい」

通りに面した銭湯・大黒湯を指さす。

「山本さんはいつもここで、開く時間より前の一番風呂に入ったんですよ」

ある時銭湯で眼病にかかり、以来用心して特別にお金を払い、そうさせてもらっていたという。常に着物で通した周五郎が、昼の明るい銭湯でさっと裸になり、広い湯舟につかるのは様になっただろう。

旧邸はすでになくタイル貼りの立派な家になっていた。周五郎はここから散歩がてら本牧間門《まかど》の旅館・間門園に借りた六畳間の仕事場へ通った。

——初めは、一作かきあげると、次作品に着手するまで自宅へ帰るというふうだったのが、しだいに間門園に住みつくようになり、昭和二十九年十月からは、同園のさらに一段うえの丘にある同旅館の独立家屋を借り切って、独居の生活にはいった。本牧の自宅に帰るのは年に数回。きん夫人が毎日、夕刻に自宅から手作りの料理を岡持に入れて運んでくるほかは、朝食は自炊、昼飯は外食という生活である。（新潮日本文学アルバム山本周五郎より）

「この辺にたしか魚菊という魚屋が……、あったあった」

桜並木に続く住宅街に立派な鮮魚仕出しの店がある。水を打たれた鯵《あじ》（葉山《はやま》かな）、車子《しゃこ》（小柴《こしば》だな）、蛸《たこ》（佐島《さじま》なら旨《うま》いぞ）が光っている。店の方に尋ねた。

「ええ、山本先生のところはよくお届けしましたよ。僕より兄貴が可愛《かわい》がられてね。鯛《たい》カブト、平目縁側、甘鯛、むつ子とか、いいものをご存知でしたね」

名庭三渓園《さんけいえん》をまわりこむようにした坂道の向う側が本牧間門だ。石段を登った小山の上の旅館・間門園は今はひなびた二階建アパートだ。緑が生い茂り、勝手に増えていったような一面の白いマーガレットが美しい。さらに上の周五郎の借りていた離れは建てかわり別のお宅になっている。坂道に続くこの長い石段を毎日岡持で夕食を運ぶきん夫人は大変だったろう。雨の日も雪の日もあったに違いない。

「そうですね。山本さんは色紙はすべて断わりましたが、こんな一枚があります」

先生は「新潮日本文学アルバム」を開いた。

わが人生の
もっともよく
有難き伴侶《はんりょ》

わが妻よ
きんよ そなたに
永遠の幸福と
平安のあるやうに　周

タクシーをひろい根岸《ねぎし》の山を越え八幡町《はちまんちょう》へ出た。ここは『青べか物語』に続き作者自ら青べかの都会版と語った『季節のない街』の着想を得た所だ。浦安ほどの地理的特定はないものの、後年「舞台再訪――私の小説から」で八幡町、中村町を写真に指定した。浦安の土着的エネルギーに対比し、『季節のない街』は都会の烈風に吹き寄せられた人々の裸の姿を通して人間の真実を描いている。

「僕はしばらくここで休んでます」

先生を小さな公園に残し、私と同行者はひなびた商店街のなだらかな坂道を登って行った。横浜は不思議な町で、異国の文化をいち早くとり入れた古いホテルやレストラン、バーが集中する一方、終戦直後から昭和三十年代そのままの古い商店街があちこちに残りノスタルジックな気分をかきたてる。

フライやテンプラを揚げる小さな店、間口一、二尺ほどの殆《ほとん》ど窓から売っているような持ち帰りのおでん、いい匂《にお》いのするソース焼そば屋は明るいうちから子連れでビールを飲む親父《おやじ》でいっぱいだ。商店街を上りきった酒屋の立ち飲みにも男が四、五人とりついている。

「えーと、ビール」

「ゆうべ地震があったね」

隣の野球帽の親父がたちまち話しかけてきた。

風に吹かれて立ち飲みするビールがうまい。古い店内にはオーシャンウヰスキーの看板、養命酒も売っている。周五郎もここで立ち飲みをしただろうか。

「先生どうもお待たせしました」

公園に戻った。午後四時、今回のシメの居酒屋を同行者と先生が打ち合わせ、時々携帯電話をかけている。私は少し離れた芝生に腰をおろした。

向うに家族づれがいる。母親はベンチに座り、父親は下であぐらをかき、小学生ほどの娘二人が父を囲んで座る。父は缶ビール、子供たちは焼鳥や団子の串《くし》を手に嬉《うれ》しそうだ。上の女の子は残った串や容器を袋に入れ、かいがいしくゴミ箱に捨てにゆく。

私は人の世の営みの原点のような光景をしばらく眺めていた。

「太田さーん、行きますよー」

「おーし」

着いた所は私のごひいき、野毛《のげ》の飲み屋街だ。通りの角、柳の大樹のある「いわし料理　村田家」の小上りは、通りに面した大窓が爽快《そうかい》に開け放たれて風が入り、柳ごしに道ゆく人が見えてまことに居心地がよい。

「まずビールですね」

先生がもの慣れた台詞《せりふ》よろしく口を開いた。

「イワシは体にいいんですよ。刺身で出すには新鮮でなくちゃ」

品書を検分する様子は我々も顔負けだ。刺身、竜田揚、丸干に、先生ご希望の豆腐ステーキも加えてビールが届いた。豆腐は浦安で冷奴、横浜でステーキだ。

「先生、今回は大変有難うございました」

「いやどうも、私も楽しかったです」

「お疲れ！」

ングングング……プハー。

「いやー、うまいですなあ」

小さなコップながら先生は見事に一気飲みだ。

「周五郎の酒はいかがでしたか」

「よく飲みましたが、乱れるのは大嫌いでしたね」

横浜に移ってからは横浜日本橋の料亭「やなぎ」(昼間さがしたけれどマンションになっていた)を定席とし、芸者や出版社の担当をまじえ酒をのんだ。酒乱を嫌い、その様子がみえると「君は帰りたまえ」とハイヤーを呼んだという。

「清遊です。太田さんもそうでしょう」

「あ、ハイ」冷汗を感じる。

同行者は皮肉げに私を一瞥《いちべつ》し、話を継いだ。

「では高歌放吟はご法度《はっと》ですか」

「そんな事はありません。自らシャンソンを歌い、芸者に民謡を北から順に歌わせ、出てこないと自分が歌ったり、長唄《ながうた》もよくしました。しかし歌謡曲と浪花節《なにわぶし》、これはご法度。調子にのって流行歌うたうと、即座に帰りたまえと言いましたね」

酔った私が一番好きなのは古い歌謡曲だ。

「周五郎の一日はどんなでしたか」

「四時頃起き十時まで仕事。それから散歩に出て昼食。蕎麦《そば》とか洋食ですね。その後映画を見て帰り、夕食をして晩酌。時々やなぎへ行く。こんな風でした」

それはまさに私には理想の生活だ。それで生活できたらどんなによいだろう。

周五郎は映画が好きでとくに洋画をよく見た。自作も多数映画化されている。

「山本さんへかかってきた黒澤明監督からの電話を私がとったことがあるんです。大監督がまさに鞠躬如《きっきゅうじょ》として、それは緊張した声でしたよ」

『椿《つばき》三十郎』(日日平安)、『赤ひげ』(赤ひげ診療譚《たん》)、『どですかでん』(季節のない街)。黒澤は周五郎作品を三本映画化した。『どですかでん』は、妻に裏切られ心を閉ざした男・平さんの芥川比呂志《あくたがわひろし》がすばらしい。

私は一つうかがいたい事があった。

「先生は、山本周五郎という作家は、生涯何を追究していたと思いますか」

「あくまで普遍妥当性のある人間像を追究すること――。これでしたね」

熱をこめた話しぶりは尽きないが最後のイワシ茶漬(うまかった)が出た。

先生は東急東横線で帰られ、今夜も同行者と二人になった。

「さあて」

「太田さん、行きたい所あるんですよ」

「ん、どこ。いいよ」

「チンチン麵《めん》!」

「………」

居酒屋放浪記・横浜の巻で〈楊貴妃《ようきひ》も腰抜かすチンチン麺〉を彼は食べ逃し未練をもっていたのだ。（詳しくは『ニッポン居酒屋放浪記 疾風篇』をお読み下さい。同行者）

野毛の鰻の寝床のような中華「三陽」は今夜も客でいっぱいだ。

「はいビール、餃子《ぎょうざ》どうすか、一・五人前もありますよ。おすすめはコレ」

「ビール」

「おっ、新製品！」

〈ジンギスカンもいきり立つチョメチョメ麺〉

「うーむ……、太田さんは？」

「僕はいらない、ビールと餃子で十分」

居酒屋放浪記三年の苦行の連載を終え、私は健康を回復し腹もスリムになった。深夜のラーメンはご法度である。

「ヨシ、チョメチョメ麺！」

彼は意を決し人差し指を立てた。

「ハーイ、こちらの方、チョメチョメ！」

届いたチョメチョメ麺にはニンニク、ニラ、キムチ、生卵が入り強烈な匂いを発している。彼はニンマリしてパチンと箸《はし》を割り、まずスープをひと口飲んで「アー」と言い、以降黙々と麺を口に運ぶ作業に没頭した。する事のなくなった私はぼんやりそれを眺め、『青べか物語』最後の一節を思い出した。

――苦しみつつ、なおはたらけ、安住を求めるな、この世は巡礼である。

生きるのも、また酒を飲むのも巡礼だ。私は周五郎を思い、ぬるくなったビールをじょぼりと飲んだ。チョメチョメ麺を気に入ったらしい同行者が下を向いたまま小さくVサインを出した。

（一九九八年）

＊山本周五郎の研究家・木村久邇典氏は二〇〇〇年、逝去された。

浅草橋のさくら鍋《なべ》のシラタキに
椎名誠は「まだ早い」と言った

――その日ぼくは総武線、幕張《まくはり》の駅で二人の男を待っていた。午後一時にそこで待ち合わせていたのだ。約束の時間より十五分も前だった。

椎名誠の短篇『海をみにいく』冒頭の一節である。二人をひとりにすると今の私と全く同じだ。

数日前、いつもの同行者から電話があった。

「椎名誠さんと酒飲みませんか」

「オッいいね、銀座?」

「小岩です」

「小岩かあ」

椎名さんに、若き熱血の頃通った居酒屋を再訪してみませんかともちかけたところ快諾を得、なぜか太田も呼べとなったという。小岩もいいが、椎名さんも今や大作家。最後は銀座も大いに考えられる。銀座の文壇クラブをのぞけるかもしれない。しめしめチャンスだ。

椎名さんとは夜おちあうことにし、昼は椎名文学の故郷を歩いてみようと某日、総武線幕張駅午後一時となった。

「どうも。昼めし何にしますか」

遅れてきた同行者は「遅れたね」と言わせぬよう素早く私の弱点を突いた。

閑散とした駅前を少し行くと今度は京成線の踏切になり、コォンコォンと警報器が鳴る。米屋、豆腐屋、ミセス&ベビー服、電器屋と並ぶひとにぎりの商店街を抜けると、前方かなたに幕張メッセの高層ビル群が未来都市のようにそびえ立つのが見えた。

東京湾の最奥部《さいおうぶ》幕張は、かつてはこの駅前から真《ま》っ直《す》ぐ伸びる道を数百メートルも行けば海だったが、あんなに先まで埋立てられたのだ。冒頭の『海をみにいく』はその幻の海を再訪する話だ。

通りに食堂らしきは数軒。

「ここですかね」

同行者が「そば処《どころ》　寿々喜」を指さした。

「僕はこれ」

私が決めたのは「カツ丼《どん》ミニたぬきセット・九百円」だ。あちこちで椎名さんと昼を一緒にしたが、椎名さんの注文は決まって「カツ丼とたぬきそば」だった。これはなかなか考えた組合せで、ゴハンか麺《めん》かの苦慮を同時解決させ相性もよく、必ずや満腹満足最後のお茶一杯シーハ言うことなしになれる。

しかし私も五十。椎名さんもどこかで書いていたがもはや大盛カツ丼をわしわし食える歳《とし》でもなく最近はもっぱらひなびてウドン三昧《ざんまい》と聞く。それでも今日は青春時代を訪ねる旅。久々この黄金コンビに挑戦してみよう。九百円と安いし。

若き椎名青年のカツ丼への情熱は激しかった。

――そして間もなくカウンターの上にポンと出されたそのカツ丼のうまそうなお姿といったらなかった。料金は九〇円。（中略）ゴハンがたっぷりと盛られており、その上にどっしりと存在感に満ちたトンカツが玉子と玉葱《たまねぎ》をほどよく我が身にからませて威風堂々ドンブリものの真の覇者《はしゃ》、といった伝統と実力の重みを見せ、醬油《しょうゆ》とカツの油の匂《にお》いを鋭く激しく周辺に放散しつつ、しかもやさしくしっかりと御座恬然《てんぜん》となさっているのである（『哀愁の町に霧が降るのだ』）

寿々喜のカツ丼もすばらしかった。薄焦《こ》げ色のトンカツを半分沈める白身黄身まだらの溶き玉子はしんなりと半透明の玉葱をまとい、固まる寸前にぷるると濡《ぬ》れ、丼《どんぶり》は黄金の輝きを放ちつつカツから攻めるかいや玉子かと……。いや、大先生の真似《まね》はよそう。わしわしわしのわし。久しぶりのカツ丼はやはりパワフルだ。私は全身に青年期の活力が満ちてくるのを感じ、湯呑《ゆのみ》の茶をぐーっと飲み干した。

東京世田谷に生まれた椎名さんは六歳の時、幕張に転居。幕張小、幕張中、千葉高校へと進んだ。

まず訪ねた幕張小は校舎に大きく〈創立百二十周年　思いやりの心〉と標語が掲げられていた。

踏切を渡り北口の幕張中へ行った。校舎の下に菜の花が咲き、玄関前の碑は校訓〈創造　実践　強靭《きょうじん》〉、裏面は校歌だ。

〽若いはてない　希望をこめて
海にかよえよ　広野にひびけ
つねに生気の　みなぎるところ
幕張の名に　われらは勇む

　力集めて　われらは進む

「ここなんか椎名さんらしいですね」

同行者が三番の一節を指した。

〽意気と純情　燃えたつところ

創造、実践、強靭、海、広野、力集めて（編集長やあやしい探検隊など組織好き）、意気、純情。椎名さんはこの学校の教えどおりに正しく育ったようだ。が、その一方〈おれがはじめて人を殴ったのは中学三年の春で〉と、喧嘩《けんか》への道もきちんと校訓〈実践　強靭〉を守っている。

幕張中は昭和二十二年創立。現校長・綿貫先生のみせてくれた創立五十年史「あゆみ」に椎名さんが文を寄せていた。

昭和三十四年度卒業　椎名誠

――まだこの学校のできる前の土地を知っています。菜の花畑がいちめんにひろがり、そのうしろは松林があって、さらにそのむこうに田んぼと小川がありました。この中学の移転新校舎ができて間もない頃に入学し、ここで沢山のことを、学びました。それは勉強だけでなく、少年が青年になっていくための、さまざまな体験です。けんかもしました。夏の夜に星を見に校庭で寝ころがっていたこともありました。体育祭では騎馬戦にコーフンしました。少々荒っぽいところがあったけれど、きちんとここで鍛えられたなあ、という実感があります。

そういう母校が元気で五十周年を迎えられたことをしみじみうれしく思います。

そしておめでとうございます。

思わぬところで椎名さんらしい名文に出会った。

「いずれ幕張に椎名誠文学館ができたら、これを展示するといいですね。太田さんその節は『わが回想の椎名誠』のタイトルでエッセイお願いします」

同行者の口ぶりはまるで物故作家を語るようだ。今夜一緒に飲むんだけどな。

「次は高校です」彼はタクシーに手を上げた。


芋泥棒だった!?

幕張から電車駅二つ先、稲毛の高台を上ると市立千葉高校の玄関になった。見おろす下の広大なグランドではサッカーや野球の練習をしている。増築を重ねた校舎はいささか古びそろそろ建て替えかと思われる。千葉高校は昭和三十四年創立。椎名さんはその翌年、開校二期生として入学した。

――その高校は千葉市立高校といって、いまでこそ東大現役の生徒も出ているけれど、当時は典型的な落ちこぼれ学生の吹きだまり高校であった。(『哀愁の……』)

入学式当日、校庭で焚火《たきび》をし、早くも教師から〈おまえたちは……おまえたちは……ど、どこの中学だ!〉と激怒されている。

通りがかった若い先生に椎名さんのことを尋ねてみた。

「二期の卒業生だそうですね。たしか六年前、講演に来られたと聞いてます」

開校当時はともかく今は百パーセントの進学校で、校風は運動部などクラブ活動が盛んという。柔道着の生徒が渡り廊下を歩いてゆく。椎名さんは入学してすぐ柔道部に入り、一日おきに近所の警察学校道場へ練習に行き、〈機動隊猛者《もさ》連中の恰好《かっこう》のひねりつぶされ役にな〉り、〈紙クズのようにくしゃくしゃにされ〉る荒稽古《あらげいこ》を重ね、一方喧嘩修業もますます実践期に入ってゆく。

昭和三十八年の卒業アルバムを見ると、三年A組、担任は優しそうな中年の女の先生だ。前列に女子、後列に男子、椎名さんは最後列左から二番め。詰衿《つめえり》学生服にがっしりと背が高く、困ったような表情でこちらをにらみつけている。クラブ活動のページの、柔道着の黒帯に手をかけた写真は堂々たるものだ。

玄関前で待ってもらっていたタクシーに再び乗りこんだ。平日の午後、客などない田舎町のタクシーに思わぬ長距離客がつき運転手は機嫌がいい。

「幕張の人はどんな気風ですか」

「男も女も荒っぽいね。ワタシは南房総からこっちへ来たんですが、幕張でタクシー始めた時はおっかなくてね。でも荒いけどさっぱりしてますね。あんた方、何？　椎名誠さんの取材？」

「運転手さんは、椎名さんご存じですか」

「あの、芋盗みに入ったって人でしょ」

「ぶはははは」

幕張は幕末に青木《あおき》昆陽《こんよう》が甘藷《かんしょ》栽培をひろめた地で、幕張小近くには昆陽神社がある。

「これも文学館に紹介せねば」

「年表に、この頃腹を空《す》かせ……」

本人がいないと何でも言える。幕張に戻り、小説に登場する首塚を見に行った。その小山は標高十五メートルの大須賀山で、説明板に幕張町はもと馬加《まくはり》村と呼ばれたとある。二十段ほどの石段を上ると、文政十一年（一八二八）関脇《せきわけ》まで上った郷土力士・荒馬紋蔵（年寄・宮城野馬五郎）の供養《くよう》塔があった。

冬枯れた灌木《かんぼく》の茂るこのあたりは江戸の頃とあまり変っていないようだ。荒れた裏山。男の子の最も好む場所だ。

茅葺《かやぶ》き民家のような大日堂は錆《さ》びたトタン庇《びさし》の下に、申し訳のような注連縄《しめなわ》と鰐口《わにぐち》を鳴らす赤いボロ布のひもが下がっている。これが小説に出てくる女の髪の毛を束ねたひもだったのだろうか。板戸は固く閉ざされ、映画『雨月物語』の朽ち屋敷を思わせる凄惨《せいさん》な風景だ。

その裏手から、温暖な千葉の海岸特有の葉の厚い常緑樹タブノキやツバキが、みっしりとトンネル状になった巾《はば》五十センチほどの落葉の重なる坂を上ると、やがて石段になり、頂上に馬加康胤《まくはりやすたね》の首塚と五輪塔があった。

――そこはかつて昼でも暗い木立の中にあったから子供たちの恰好の冒険、探険の地で、夏の時期には何度か〝肝だめし〟の場所として使っていた。（『秘密』すばる

三月号）

「こりゃあまさに肝だめしにはおあつらえ向きですね」

面白がってついてきた運転手と同行者があたりを見まわしながら話している。樹齢何百年と思われる樹木はくねくねと奇怪に幹が分かれてからみ合い、夜シルエットになれば巨大な人間のようにも見えるだろう。

「……ヒュー、ドロドロドロドロ」

「やめてくださいよ」

高知出身大酒のみの同行者は、こういう場所は苦手らしくさっさと戻った。

幕張水滸伝《すいこでん》の現場

「さーて、もう文学散歩はいいや、ビールビール」

「太田さん、あと一カ所。運転手さん検見川《けみがわ》まで行ってください」

「あいよ！」

タクシーのメーターはとうに一万円を越し、運転手は有頂天の上機嫌、もうどこまでも御案内しますとばかり小気味よく急発進した。

「ここを読んどいてください」

同行者が『哀愁の……』を開いた。

――その頃、その辺一帯の不良学生たちはやくざが自分のシマを武力でどんどん拡大していこうとするように、あちこちの学校に喧嘩をしかけていって、自分たちの学校暴力支配圏を広げようとしていた。

椎名少年は幕張中の頃から隣町・花園中の連中と検見川をはさんで対立し、抗争を繰り返していたそうだ。

「利根川はさんだ笹川繁蔵《ささがわしげぞう》と飯岡助五郎《いいおかのすけごろう》じゃないんだから」

「天保《てんぽう》水滸伝、酔いどれ用心棒は平手造酒《みき》」

「アーはやくビール飲みたい」

「わはははは、ビールいいっすね」

高笑いは運転手だ。彼もこの後はもうアガって即ビールと考えているらしい。

「まあ、あと少し」

同行者はどうしても喧嘩の現場を見ておきたいようだ。

「このあたりかな」

車を停め、河口の鉄橋近くにおりた。何かの事務所の駐車場裏が人目につかぬ草の土手で、それらしい雰囲気だ。川岸に立つと護岸の下を濁った水が流れてゆく。事務所の中年女性が出てきた。

「もう埋めちゃったけど検見川の本流はもう少し向うにあったのよ。昔はきれいだったわよ。水浴びしてたもの」

「その頃、喧嘩は見なかったですか？」同行者が尋ねた。

「喧嘩？　あったのかしら」

「検見川と幕張の不良中学生が対抗してたとか」

「あらそう。幕張と違って、花園中の生徒は皆いい子だったわよ」

はたして真相はいかに。

——しばらくそのままあおむけに寝ていた。眼をつぶっていると近くに国電の走っていく音がものすごく大きく聞こえた。この河原《かわら》の土手に上がってきてからいままでほとんど耳に入らなかったのだが、国電の走っている鉄橋のすぐ近くで闘っていたのだ。それからゆっくり四つん這《ば》いになり、そしてのそのそと立ちあがった。見回したが、男の気配はもう闇《やみ》の中になかった。
両手を口の前に広げ、折れた歯を吐き出した。血まみれの三つの歯のカケラがひどく滑稽《こっけい》なかんじで掌《てのひら》の中にころがっていた。折られたのは右の下顎《したあご》の前歯三本であった。舌で折れた歯のあたりをさぐると、ぬるぬるの歯ぐきの中に歯の根がぎざぎざになって舌に当たった。顎から鼻のあたりが厚ぼったくしびれたかんじになっていた。(『哀愁の……』)
海に沈まんとする太陽のまっ赤な光が一面の枯草を逆光に染めてゆく。同行者はウームと腕を組み、川面《かわも》を見つめ動かなかった。

克美荘《かつみ》はいずこ

小岩、総武線高架沿いの赤い大看板「居酒屋　浅草バー」に入り、玄関の見える小上りに腰をおろした。典型的な大衆居酒屋で最近改装したのか、まだ新しい。ここで椎名さんを待つ。目下、八十枚の原稿に集中し、終わり次第来るが、はかどらなければゴメンという事になっている。はたして。

——しかし、とりあえず金ができたのだからたまには浅草バーに行ってチューハイでゲイカツでも食おう、などと最初に言い出すのも木村なのである。浅草バーといっても浅草にあるバーというわけではない。小岩駅前の「ニュー浅草バー」という、非常に安い大衆飲み屋のことである（『哀愁の……』）

「鯨《げい》カツある？」

「アンタ懐《なつか》しいこと言うわねー、今はないわよ」

気さくなおかみさんがいきなり私の肩をどおんと叩《たた》いた。適当に注文し、まずは生ビールでオツカレだ。互にジョッキを上げた。

「あ、そういえば椎名さんが、オレが行くまで太田にあまり飲ませるな、って言ってました」

「フン」

私はこれみよがしにグビグビグビグビリと大ジョッキを胃に流しこんだ。

私が椎名誠さんとはじめて会ったのは十五年ほど前だろうか。銀座の化粧品会社で宣伝デザインの仕事をしていた私は熱心な読者だった。会社の文化催事で「椎名誠の蚊学展」という不思議な展覧会が開かれるのを知り、私はそのポスターデザインを志願した。

初夏のある日、展覧会の打合わせに椎名さんがやって来た。もじゃもじゃ頭、まっ黒に日焼けし、カーキ色Tシャツに紺の漁パン（八丈島の漁師用ズボン）、裸足《はだし》に厚底ビーチサンダルで書類カバンの格好は、上品な化粧品会社の受付嬢をとまどわせた。

案内された小会議室に座るなり「すみませんが水を一杯くれませんか」と言い、私の運んだコップの水をぐーっと一気に飲み干してトンと置くと、「はい、やりましょう」とうながした。

名刺交換、世間話、一切ナシ。単刀直入、仕事に入り二十分ほどして風のように帰って行った。

「フーン、それからですか。一緒にキャンプ行ったり酒のんだりは」

「うん。ところで今日は最終的には銀座？」

「さあ、椎名さん次第」

「いらっしゃいー」

振向くと入口に、革の編上げ靴に厚手の黒いオーバー、ライオンたて髪のように頭をもじゃもじゃさせた大男の椎名さんが、ぬっと入ってきた。

「椎名さん、お原稿は？」

編集者の心配はまずこれだ。

「終った、八十枚。カズさんは？」

「僕は今日のことを書くんですよ」

「あ、そうか、ハハハ。うまく書けよ。生ビールある？」

出た、生ビール命。

ングングング……プハー。

「あー、うまい」

ほんとにうまそうだ。

「椎名さん、何か注文を」

「オレ？　オレ何でもいいや。じゃ、厚あげ」

こうして居酒屋で会うのは久しぶりだ。

「昔お住いだった克美荘からここへは歩いて」

「うん。でも月に一度もなかった。ハレの日、金の入った日ね。我々の実力で来れるのはここしかなかったよ」

「酒は強かったですか」

同行者が尋ねた。

「オレは強い、一升飲めたから。木村と互に一升瓶抱いて飲み較《くら》べして勝ったもんな。その後ウイスキーで負けたけどな」

私は数えきれぬほど一緒に酒を飲んでいるが確かに強く、ウイスキーのストレートを好みぐいぐい飲む。居酒屋あたりでたらたらやっている時「何か強い酒飲みたいな」という台詞《せりふ》を何度も聞いた。泥酔《でいすい》した姿を見たことがなく、酔いはじめるとキャンプではテントへ、町であれば「帰る」とスッと消えてゆく。不毛な話をだらだら続けるのは最も嫌いのようだ。

「誰かさんとは随分違いますねー」

同行者が皮肉げに私を見た。

「ハハハ」

椎名さんが笑い、私は面白くなくなりビールを燗酒《かんざけ》にかえた。

一度、札幌で飲んだ後、ラーメン食おうやと四人ほどで店に入った。ラーメン好きのカメラマンが出てきた丼《どんぶり》を撮《うつ》していると、カウンターのサラリーマンらしい酔っ払いがからんできた。

「ヨー、ラーメン写真とってどうすんの」

返答に困っていると椎名さんが小声で「ほっとけ」と言った。先に食べ終えた椎名さんは勘定に立ち、酔っ払いの男を見おろす格好になった。

「お前なー、人がラーメン食ってるのに余計なこと言うんじゃないよ」

しっかりドスのきいた声は低く小さいゆえに凄味《すごみ》がある。男はラーメンをすする首を亀《かめ》のように縮め、私は「ホー、さすが」と思ったことがあった。

「カズさん、最近も飲んでるの」

「え、まあボチボチ」

「カズさんの場合は飲んで書くから大変だねー」

ちっとも大変そうな顔をしていない。同行者がニヤニヤする。まあ仕方ないか。

「よし、克美荘の跡を見に行こう」

切上げの早い人が声をかけた。

北口駅前から奥へ入ると迷路のような暗い住宅街になった。大股《おおまた》の椎名さんの足は早く、ついて行くのに精一杯だ。映画のロケハンでも講演会の移動でもこの人は常に先頭をどんどん行く。十字路角にあった克美荘は駐車場になり、その後また何か建ったかまでは知らないそうだ。迷い、いつも歩いた道順をたどろうと線路近くのコンビニ酒屋まで戻った。椎名さんが小声になった。

「ここでビール盗んだんだよ」

『哀愁の……』によると共同実行犯は現在弁護士として活躍している人だ。

「四本な」

両手に一本ずつ。この自供は二人共謀を裏付ける。また容《い》れ物《もの》を持参してないのは衝動犯と思われる。衝動とは「ビール飲みたい」だろう。

「ここからなら道がわかるよ」

逃走経路はよく憶《おぼ》えているものだそうだ。案の定スイスイ足は進み、「オ、これこれ」と夜道に灯りのもれる「西小岩六軒島町会館」前を抜け、「ここだ、間違いない」と角の駐車場に立った。

三十坪ほどか。「ここが玄関で靴箱、入ってすぐ左の一階。ここに俺達は寝てたんだなー」。六畳二間といえばこんなもんか、と地面を見つめ感慨深そうだ。

仲間との共同生活が始まったのは昭和四十年、二十一歳だ。


――家賃は六畳間で五五〇〇円。しかも水道、タタミつき、さらに押し入れと電気の傘つき、というのである。（中略）おれはすこし心配であった。あまりにも安すぎるのだ。その頃、アパートの家賃はタタミ一畳あたり一五〇〇円ぐらいだった。四畳半で七〇〇〇円、六畳だと最低八〇〇〇円から一万円、というのが相場だった。

「窓はあるんだろうな、窓は?!」

と、おれはすこし暴力的な眼つきで言った。(『哀愁の……』)

窓はあったが開くと十五センチで隣のアパートだった。椎名さんが「こうして立ってたんだなあ」と隣家の壁十五センチ前に顔を寄せている。

「壊されたのは十年前ころですか」

同行者が向いの家から顔を出したおばさんと話しはじめ、我々もそちらへ行った。

椎名さんはその方に覚えがあるらしいが先方は気づかない。同行者が尋ねた。

「昔、この下宿に酒のんで騒いでる若いのがいませんでしたか」

「いーえ、みんな大人でしたよ」

椎名さんが胸を張る。

「最後まで居たのはどなたですか」

「佐野さん(仮名)の夫婦ですよ」

「あ、佐野さん最後までいたんだ」

「でも、別れたんですよ」

「え!」

「お母さんの方が娘二人をひきとってね。歌のうまい子でしたよ」

「……そうですか。木村が仲よかったんだよなあ」

二階の佐野さんの娘二人は木村晋介《しんすけ》氏になじみ、「木村のおじちゃん、また歌謡選手権大会やろう！」と勉強中の木村さんにしがみつく場面は『哀愁の……』で私のとりわけ好きなところだ。

「下の奥にひっそりときれいな人がいましたが、あの人はお妾《めかけ》さんだったような」

「ええ、でも若い旦那《だんな》と添い遂げましてね」

「ほう、それは」

昔話が尽きない。

「克美荘の建つ前は何だったんですか」

「沼です」

「え！」

「私が昭和二十六年にここへ来た時は、大きな泥沼で、雷魚やアヒルがいましたよ」

「……ふーん」

椎名さんは絶句し、再び夜の駐車場をじーっと眺めた。

青春の謎《なぞ》、くりから

小岩から総武線でさらに西へ、都心へと近づき浅草橋で電車をおりた。ここは写真大学へ通いながら金属問屋倉庫で働いていた所だ。

――ブローニー判の白黒フィルムを装塡《そうてん》し、その足ですぐ近くにある馬肉専門の居酒屋の前に行った。(中略)道路の端に立ち、しっかりピントを合わせて一枚撮った。アングルを変えてもう一枚撮りたかったが、十二枚撮りのフィルムなのでそこでやめておくことにした。(『黄金時代』)

喧嘩にあけくれた荒くれの日々を卒業し、地に足をつけ、社会へ一歩を踏み出してゆくこの『黄金時代』のラストシーンは感動的である。

その「浅草橋名代 酒寮むつみ屋」は、カウンターと卓席三つ。番小屋のような小さな店で客は四、五十代の男ばかり。勤め帰りか、コートのまま飲んでる人もいる。有名作家に気づく人はなく、気づいても全く関心はなさそうだ。ニラ玉、ニラレバ、串《くし》カツ、〆鯖《しめさば》、みりん干、トマト。どれも三、四百円に生玉子六十円もある。清く正しい庶民の居酒屋だ。椎名さんは三十三年ぶりにここへ来た。

「よし、ここでしっかり食べよう。馬刺とさくら鍋《なべ》各三人前、それと……鯖一夜干、これだ」

久々、椎名さんの仕切りが出た。今はしないが昔、大勢で食堂あたりに入ると「カツ丼《どん》とカレー、あとビール。これでいいな」とさっと注文し、私が小声で「サザエ壺《つぼ》焼《やき》……」などと呟《つぶや》くとじろりと睨《にら》まれた。

「昔ここで〝くりから〜〟って大声で注文通るものが旨《うま》そうで、何だろうといつも思ってたよ」

「ではそれも頼みましょう」

同行者が手伝いの若い娘に言うと「トリカラじゃないですかァ」と取りあわない。奥の主人が聞きつけ「鰻《うなぎ》のメソ（小さいの）のくりから焼です。今やってないんですよ」と口惜しそうだ。

「倉庫の週給が出た日、どこか居酒屋にひとりで入りたかったけど気遅れし、ここなら大丈夫かなと入ったんだ」

その時サラリーマンというものを身近にはじめて見て、自分とは違う人種だなあと思ったと言う。

簡単な丸鉄鍋にまっ赤な馬肉のさくら鍋が届き、やがてグツグツ音をたてはじめた。

「ヨシ、食おう」

一斉に箸《はし》を伸ばし溶き玉子につけ口へ。割下は甘辛醬油《しょうゆ》味のすき焼風だ。

「ハフハフハフ……う、うめー」

いつもの声が出る。春近しとはいえ、日が落ちるとまだ肌寒い晩冬の夜、男三人で囲む湯気を上げる馬肉鍋はとてもうまい。具はさっぱりと江戸前にザク切り葱《ねぎ》とシラタキのみ。麵《めん》類のみならず長いもの大好きの椎名さんは、たっぷりのシラタキに満足そうだ。

「シラタキはまだ早いぞ、しっかり味がしみてからだからな」

ハフハフほおばりながらも鋭く牽制《けんせい》をかけ、私はそろそろいいかなと出した箸をひっこめ、残っていた馬刺を鍋につまみ入れ肉追加をした。

「お、カズさんそれはいい手だ」

ングングング……プハー。

すっかり鍋を空にし、残ったビールをぐーっと飲み、椎名さんは両腕をぐいと後ろに引き胸を張った。

「うまかった。やっぱり奪いあって食うからうまいんだよ。克美荘を思い出すなあ。

あの頃はよく食った」

若き日の居酒屋に入り、当時の食欲がよみがえってきたのだろうか。

「珍しく合成酒が一升手に入って、オレがつまみを買いに出たんだ。それで戻るともう瓶の底に五センチくらいしかないんだよ。オレは自分でもわかるくらいワナワナと怒ったね。すると木村や沢野がけたけた笑うんだ」

よく考えれば五、六分でそんなに飲めるわけはないんだが、木村さんが「いいか、椎名絶対怒るぞ」とこっそりヤカンに移しかえ、とぼけていたのだそうだ。

「ハハハ……あるとわかったら、怒ったのがてれくさい」

「いやそれより、ヨカッターの一言だよ。木村はいい奴《やつ》だと思ったんだが、本当はそうじゃないんだよな」

「はじめて酒のんだのはいつ頃ですか」

「中一の時、ビール」

「決意して」こっそりビールをぐんぐん飲み、帰った兄に「マコト！　酒飲んだろう」と叱《しか》られたがシラを切った。

「飲んでないよォ、なんて言ったたって目はトロンとしてただろうし、そりゃわかるよな。ハハハハハ」

誰しも覚えのある、酒との出会いである。

「今日一日、何やってたの」

「若き日の椎名誠の素行を調査してまいりました」

「ハハハ、そうかあ。すっかりわかられちゃったな。……でもオレはあの頃が懐《なつか》しい。海も草っ原もなくなったけど、今のオレの基本的なことはあの頃固まり、それは変わっていない。『黄金時代』の題名はいつか使おうと思っていたんだ」

それはとても素直な言葉に私に聞こえた。昼に歩いた幕張の町がうかぶ。少年から青年へ。多感な年齢に出会った数々の友人と、今も全く変わりなく交流しているのは私にはうらやましい。私がはじめて椎名文学を読んだ時、最も心奪われたのは、昔からの仲間をキャラクターゆたかに登場させ自分たちの行動を書いてゆくのが、こんなにも面白いものになるのかという事だった。信州の田舎から上京し銀座の会社に勤めていた私は、常にどこか人に負けまいとする張りつめた気持を持っていたが、椎名文学はそんなちっぽけな気持を木っ端《こぱ》みじんに砕き、仲間と、思ったこと面白いことをぐんぐんやっていけばいいんだと、何か根源的な安堵《あんど》感を抱かせ、私は救われた思いがした。

「カズさん、今日はあまり飲まないね」

「あ、ま、仕事中ですから」

「そうか、カズさんはこれが仕事かあ、アッハハハハ」

「……いや、もうやめます。ヨーシ、飲む。飲むぞ！」

同行者が笑い、私にビールを注《つ》いだ。

「よーしもう一軒。キンシ正宗《まさむね》だァ」

むつみ屋を出て私は声をあげた。

――会社で寄り合い酒ができなくなった我々は、新橋駅の近くにある「キンシ正宗」という居酒屋に通うようになった。（中略）つまみは五十円均一で、それもキンピラゴボウとかホウレン草のおひたしとかナメコオロシといった定食屋のおかずのようなものばかりだった。（『新橋烏森口《からすもりぐち》青春篇』）

銀座七丁目の会社にいた私もこの店を知っている。椎名さんの勤めはじめた業界誌出版社は新橋から銀座八丁目に移り、幕張にはじまる大ビルドゥングスロマンは『銀座のカラス』へと書き継がれてゆく。私と椎名さんは同じ時期、銀座の七丁目と八丁目に勤めていたのだ。

「銀座に移ってからは高級クラブとか行きましたか」

同行者が尋ねた。

「行ったことはあるよ。でもオレは居酒屋の方がいい。なあカズさん？」

「そ、そうですよ」

そうだ。居酒屋こそわが友だ。浅草橋の薄暗い裏通りには点々と小さな居酒屋が続き、この時間にまだ立ち飲みのサラリーマンがいる。社会に出た頃、自信と不安、夢と野心の交錯が居酒屋に足を運ばせた。私もはじめてひとりで居酒屋ののれんをくぐった頃を思い出した。

先頭をゆく椎名さんの肩が満月の光を浴びて大きい。遠くに空車の赤いサインが見え、同行者は高く手を上げた。

（一九九九年）

居酒屋周遊

バスに乗って居酒屋へ

五月――。

大好きな初夏がやってきた。強さを増した陽《ひ》の光に若葉がきらきらと光る。今年最初の半袖を着て町に出てみたい。ついでにどこかの居酒屋にぶらりと入ってみたい。

電車は速すぎる。地下鉄は景色が見えない。タクシーは行く先を決めねばならない。歩くだけでは遠くに行けない。町を見ながらのぶらり旅には路線バスがよさそうだ。複雑な都営バス系統図をにらみ、江東区亀戸《かめいど》から〈門33〉に乗車。門前仲町《もんぜんなかちょう》で降りて一杯やり、〈海01〉で東京湾をくぐって品川から帰る系統にしてみよう。初めて乗るバスだ。

亀戸出発にしたのは、先日フィルムセンターで見た映画『生きている画像』（昭和二十三年・千葉《ちば》泰樹《やすき》監督）に出てきたからだ。こんなお話。大河内《おおこうち》伝次郎《でんじろう》は洋画《ようが》壇《だん》の大御所で瓢人先生と渾名《あだな》され、酒を友とした画境三昧《ざんまい》。内弟子が二人。デカダン天才肌の藤田進《ふじたすすむ》は帝展入選組だが画風にどこか荒れがある。まじめ一方努力型の笠智衆《りゅうちしゅう》は帝展連続十四回落選で「落選王」と言われている。審査委員長は瓢人先生その人だ。笠の反物下絵描きアルバイト先の織元の娘は「あなたは天才、いつかきっと花ひらくわ」と応援している。笠はある夜娘を呼びだし、前借りした絵具代の返済を少し伸ばしてくれと頼む。その場面が亀戸天神の藤棚《ふじだな》のかかる太鼓橋だ。

藤棚の花はもう終わり若葉となっていた。心字池に弧を描く二双の太鼓橋を渡ると社殿だ。平日の昼過ぎに人影はなく、大きな自然石を梅形にくりぬいた手水《ちょうず》にこんこんと水が湧《わ》く。手を洗い口を漱《すす》いだ。その脇《わき》に天神様御歌。

海ならずたたえる水のそこまでも
清き心は月ぞ照らさむ

天神様は菅原道真《みちざね》公、学業の神様だ。亀戸天神社は新東京百景の一つで寛文《かんぶん》二年（一六六二）の創建、朝野の信仰厚く文人墨客の賛仰するところとなり……、と解説がある。傍らの合格祈願の絵馬の中に幼い字で「字がうまく書けますように　〇〇小学校〇〇」とあるのがいじらしい。

絵馬やら古い石碑やらをゆっくり見て歩き小汗をかいた。ひとり散歩もなかなか面白いものだ。境内を出た「亀戸天神藪《やぶ》そば」は外に水車が回りいい風情《ふぜい》だ。客は誰もいない。「もりそば一つ」、ややあって「それとビール」と注文した。

亀戸駅前バス停に立っていると〈門33〉がやってきた。さあ出発。景色が見えるよう窓際《まどぎわ》に腰を下ろす。バスは明治通りから〈福神橋〉を左折、浅草通りを経て清澄《きよすみ》通りに入る。柳島、十間橋、押上《おしあげ》、業平橋《なりひらばし》、本所吾妻橋《ほんじょあづまばし》などの下町の地名がいい。通りは柳並木が切れぎれに続き、風に揺れる。ちょっと高いところから、移り変わる午後の市井《しせい》の町を傍観者の目で眺めるのがいい。

「次は吾妻橋一丁目、岩崎昆布店前です」とアナウンスが流れ、制服のお巡《まわ》りさんが二人乗ってきた。学校制服の少女は一心に読書。老人はぼんやり外を見ている。私は特に目的もないひとりバス。

どじょうの名店「伊せ喜」の前を通り〈清澄庭園前〉で、名園を見てゆこうと下車。すぐ前の大きな看板に「紀伊国屋文左衛門《きのくにやぶんざえもん》→岩崎弥太郎《やたろう》→東京都」と所有者の変遷《へんせん》が書かれる。へえ、そうだったのか。入口に来たらなんともう閉園。日が長くなり午後四時半を過ぎたと気づかなかった。仕方なくバス停に戻り、反対方向の深川江戸資料館に行ったがこちらも終了。亀戸でのんびりしすぎた。

バスに戻り〈門前仲町〉で下車した。深川不動尊にお参りしよう。神社ならいつでも開いている。

こちらはお不動様。さきほどの天神様と同じ額の賽銭《さいせん》を投げ入れ、同じ願いごとで手を合わせる。どちら様でもよいからよろしく、は虫がいいか。

この境内もいろんな石碑が立つ。近頃こういうものを丁寧に読むようになったのは歳《とし》のせいだろうな。本堂の右裏手に回り、巨大な「征清軍凱旋《がいせん》記念燈　澄明詣」に目を見張った。見上げる高さおよそ五、六メートル。切石を組み上げた台座に灯台のような造営物が立つ。日清戦争勝利を記念したのだろうか。こんなものがあるとは知らなかった。台座石にびっしりと彫り込まれた寄進者名は、勘亭《かんてい》流寄席《よせ》文字、武張った江戸文字、威勢の良い髭《ひげ》文字、粋《いき》な崩し文字など様々で面白い。これで日本字書体の見本帳ができる。私の仕事はグラフィックデザインで文字はその基礎だ。昔、落語の大山詣《まい》りで有名な大山阿夫利《あふり》神社に詣《もう》でたとき、全山の岩という岩に参詣《さんけい》記念らしき名前がびっしり彫り込まれ、ここは文字の山と思ったことがあった。

境内を囲む玉垣に彫られた名前をひとつひとつ読んでいった。太い柱は、尾上《おのえ》菊五郎、市川左団次、中村富十郎《とみじゅうろう》、岩井半四郎、中村芝翫《しかん》、中村時蔵。四番組、五番組、東京方面一番纏《まとい》、第一分署ポンプ隊は火消し、岩井講、魚がし、富士藤下職中は仕事の組合か。建具製造請負業南谷熊吉、菓子舗岡満津斉藤松次郎、梨本政五郎、中川伸太郎、大河原金之助、安藤信次、川島辰之助、大場八千代子……。気骨をもった明治の名前が懐《なつ》かしい。ここには江戸から明治が連綿と伝わっている。

熱心に解読しているうちに暗くなってきた。不動尊を出て歩く門前仲町の通りは、下校の女子高生や、子供の手を引いた夕餉《ゆうげ》の支度のお母さん、何か買いに走る高下駄《たかげた》の白衣板前などで賑《にぎ》わいを見せている。さあてぼちぼち一杯やるか。

モンナカといえばその名も高き大衆酒場「魚三酒場」だけれど、もちろんすでに超満員。私はひとりだが、そのひとりが入れなく外に行列ができている。それならと一本裏通りに回ると、いかにも花街の雰囲気を残す飲み屋小路だ。門前に花街、花街に飲み屋小路あり。BAR「ダイヤ」の紫の看板が妖《あや》しい。

外の全国地酒地図にひかれて入った居酒屋「櫂《かい》」は、カウンターと三席ばかりのこぢんまりした店だ。床はフローリング。カウンターの一輪挿しにトルコ桔梗《ききよう》が清々《すがすが》しい。さて、酒。神亀《しんかめ》、酔鯨《すいげい》、日置桜《ひおきざくら》、群馬泉《ぐんまいずみ》、磯自慢《いそじまん》、四季桜《しきさくら》、夜明け前などの名酒から苦慮の末、福井の黒龍《こくりゆう》を選んだ。肴《さかな》は粒ウニ、カラスミなど珍味ものが充実し、酒を大切にした店であるのがわかる。春の名残にホタルイカとタコの精（玉子）にした。

冷蔵庫から出して冷え冷えに霜をふいたグラスがカウンターに置かれ、一升瓶の黒龍がトクトクトクと注がれて受皿にあふれた。

ツイー。

コクのある香り、上品な甘みとともに、日本酒の旨《うま》みが豊かに立ち上がり、ややあって飲み干すと香りを残してすっと消えてゆく。あたかも江戸前のいい女がちらりとお色気を見せ、去っていったようだ。これはもちろん後を追いかけねば。グラスを置かずにもうひとくち。ふうと一息ついてつまんだタコの精の、ねっとりした官能がよく合う。ああもう帰れない……。

というわけにもゆかず、七時半。〈海01〉最終バスに乗った。大川端東に沿った半日バスは、江戸を望見する古い東京を見て歩く小旅だった。越中島《えっちゅうじま》を過ぎるとライトアップされた東京タワーが見える。あの下あたりが私の家だ。

バスは東京湾の海底に入り、私も深い眠りの底に入っていった。

（一九九二年）

ウマイ話マズイ話①

銘柄を言え！

旅先でのこと。繁華街をすこし入った一角に、白木板作りの通《ツウ》向けと覚《おぼ》しき銘酒居酒屋があった。この地方は酒どころで知られている。これは地酒のうまいのを飲めるかもと階段を上がった。

ログハウスふうの店内は店主の主張を感じる。カウンターに座り、見渡したけれどメニューがない。

「すみませんが酒の品書きをみせてください」

三十代くらい。堂々たる体格に顎髭《あごひげ》、Tシャツの自信にあふれた雰囲気のマスターが私をじろりと見た。

「うちはメニューはありません。好みを言ってもらえればこちらで選んで酒を出します。最近みんな名前で酒飲むようになっちゃって本当の酒を知らないんですよ。いつも何飲んでますか？」

「………」

ナニ言ってやがる。みんなってのはオレも入るのか。

ようし。

「神亀《しんかめ》槽《ふな》しぼりかめ口。神亀有機無農薬山田錦《やまだにしき》純米吟醸小鳥のさえずり、も良かったが、あえてこれをとるな」

「あ、そう」

そいつは小馬鹿《こばか》にしたような弱い返事をした。自慢じゃないが、あっしは名酒「神亀槽しぼりかめ口」の仕込み一号を蔵からいただいて飲んでるんだ。限定仕込みの「小鳥のさえずり」がこの辺で手に入るものか。

しばらくしてラベルのない一升瓶から私のグラスに酒が注がれた。

「ふだん、神亀お飲みでしたらこれがいいでしょう」

ツイー……。

深みのある旨口《うまくち》で重量感もあり、いける。しかし似た酒飲むのなら本物でよい。

「何て酒？」

「うちは銘柄言わないんですよ、名前で飲まれたくないですから」

「…………」

何飲んでんだか分からないんじゃ、ちっともおもしろくない。較《くら》べる訳ではないがワインで銘柄言わなかったらどうなる。この蔵のこの味をいろいろ憶《おぼ》えてゆくのが酒の愉《たの》しみじゃないか。好きな女の名前知らずにいられるか。

「ふーん、……これ一杯いくら？」

「千二百円です」

銘柄不明では高いのか安いのかも不明だ。うまいが、目隠しされてものを食べているような変な気持ちになってきた。

二口飲み席を立った。まだグラスにはなみなみと残っている。

「またどうぞ」

二度と来るか。

（二〇〇一年一月）

ウマイ話マズイ話②

歴史的瞬間！

友人の写真家は沖縄好きだ。レンタカーで回り、島を撮影している。道沿いのさびれたレストランを好み、あると入ってみたくなる。

そんな一軒のドアを押した。客はなく、親父《おやじ》ひとりがぽつねんと座る。机には数年前の古い週刊誌。黒板の品書きは少なく、いろんな材料を仕入れても客がこないのを物語る。こんな彼好みの雰囲気に満足し、ハンバーグ定食六百五十円を注文した。

ほどなく届いた品は、予想通りの平凡な定食でみそ汁のワカメが茶色でも文句はない。ゆっくり箸《はし》を使っていると恐るべきことがおきた。

定食を出し、元の椅子《いす》でぼんやりしていた親父が、つと立ち上がり、黒板のハンバーグ定食六百五十円を消し、六百八十円と書き直したのだ。今食べている料理が目の前で値上がりしたのは初めてだ。

食べ終えた彼は千円札を出した。細かいお金はあるけれど、親父がいくら釣りをよこすか興味があったのだ。

お釣りは三百二十円だった。

「頼んだときは六百五十円だったよ」と当然の抗議をすると、親父は「でも卵もついてるし」と意外な抵抗をみせた。彼はそのまま店をでた。

彼は腹を立てたのではなく、いかにも沖縄らしいおおらかな、いい話と私に言うところに良さがある。

何か売上げを増やすいい手はないかなあ、と思案していた親父が「そうだ、値段上げればいいんだ」と気づき、即実行したところがいいのだ。

次は神戸の飲み友達から聞いた話。

大衆酒場の充実している神戸でも「八島」はとりわけ格安、良心的な肴《さかな》で繁盛《はんじょう》している。

七、八年前のこと。常連の彼は「六十円から、あてがあるんやで」と友人を連れて入った。六十円の品はわさび漬、塩辛、納豆など。はじめに刺身、焼魚など大物をとり、あとはわさび漬あたりでゆっくりやろうときめた。

さてそろそろわさび漬でもと思った時、店のおばはんがやおら黒板の六十円を消し、七十円に書き直した。

「おお」

二人はうめき声を発したそうだ。

「歴史的瞬間に立会ったと思いました。あと十秒早く頼めば十円助かったと」

開店中に堂々と値上げしたところにこの話の意義がある。もちろん書き直し前と後の品は変わらない。

「何十年、安い値段で食べさしてもろて」と、逆に感謝の気持がわきましたよ」

この居酒屋も、そう思った彼もいい。

居酒屋通いはやめられない。

（二〇〇一年四月）

ウマイ話マズイ話③

昼下りの愉《たの》しみが……

楽しみはランチタイムだ。私の気に入りはパスタ。仕事場から少し離れているが、グルメ雑誌「ｄａｎｃｙｕ」にも載った実力派の小さな店まで出かける。

ランチセットは、サラダ、パン、スパゲティにおいしいエスプレッソまたはコーヒーがついて千円。スパゲティは日替わりでビアンコ（白い塩味）とロッソ（赤のトマトソース）の二種用意される。

本日のビアンコは葱《ねぎ》とポーク、ロッソは魚のラグーだ。

たっぷり大盛のサラダとパスタの味の良さから、近くのＯＬたちで大繁盛《はんじょう》。早く行かないと並ぶことになる。

若い女性はパスタが大好きだ。毎日のように来ているらしいグループが、「おいしかったわよー」「明日は何？」と声をかけてゆく。

この店に最近小さな異変がおきた。オヤジサラリーマンがやって来るようになったのだ。若い女性客九十パーセントの中に、ある日背広の中年オヤジが四人、小さなテーブルをきゅうくつそうに囲んでいるのを見たときは違和感を持ったが、こういうこともあるだろうと思った。

それが今はすこし早めに行っても全員

オヤジが座っていて、なんだか異様な光景だ。楽しげにおしゃべりしながら階段を上がってきた女性四人組が、席を占領したオヤジ達を見て一斉に「ウソー」と表情フリーズ、無言になる。

オヤジサラリーマンたちは、初めはおそるおそる入口近くに座り、小さくなっていたが、そのうち慣れると堂々と奥の席に進み、椅子《いす》の背に腕を回し、足を組んだ、ふんぞりかえり座りだ。

無言で食べ、こそこそ帰っていたのが今は「おーい、タバスコ」と叫び、爪楊枝《つまようじ》はないかと言う。いまどきタバスコなんか使わない。

オヤジはレストラン慣れした女性のようにスパゲティをくるくる巻けず、フォークをうどんの箸《はし》のように二、三回上下させ、フーと吹いてから皿に顔を突き出しずるずると音を立て吸い込む。最後の一本が取れず皿の端に口を付けかき込む。「あー、食った」と乱暴にフォークを放り「おーい、コーヒー」と叫ぶ。何でも大声で人を呼びつける会社の癖が出ている。

「今日の部長の話なんか、誰も聞いてないよ」

「目標達成は各部単位で計算すりゃいいんだ」

食事中の話も色気がない。若々しく華やかだった店は微妙に雰囲気が変わった。

オヤジだってパスタを食べたいのはわかるが、来ないでほしい。オヤジは私だけでいい。

（二〇〇一年七月）

大島のお汁粉は甘かった

伊豆大島へは飛行機なら四十分で行けるが、島へ渡る気分はやはり船だ。昼の仕事を終え、夜十時出航の東海汽船「さるびあ丸」に乗船し、船室に荷物をおいて甲板に立った。

船体がゆっくり岸壁を離れると、次第に夜の東京の全貌《ぜんぼう》が見えてきた。闇《やみ》にライトアップされた勝鬨橋《かちどきばし》。背景の聖路加《せいろか》タワーや佃島《つくだじま》リバーサイドなど、いつの間にか湾岸に立ち並んだ高層ビル群が摩天楼となって夜の海に映える。

海面はるかに高いレインボーブリッジをすれすれの感じでくぐると、左にお台場のビルが不夜城のごとくそびえ立つ。その向うから四つのライトをこうこうと照らした巨大なジャンボ機が現われ、低空飛行の腹を見せて悠然と羽田滑走路へ降りてゆく。夜の東京湾は陸からは見られない光景が次々に展開して見飽きない。そのうち少し寒くなり船室に戻って缶ビールをプシとあけた。明日は大島だ。夜の旅立ちはいい。

翌早朝五時の二段ベッドの中、船内アナウンスで目を覚ました。船は大島→利島《としま》→新島《にいじま》→式根島《しきねじま》→神津島《こうづしま》と周航する。下船するのは最初の大島だ。モタモタしてると次の島に連れてゆかれる。あわてて身支度し、肌寒いデッキに上った。

夜明けのピンク色に染まる朝霧の中に、新緑に包まれた大島が迫ってきた。岡田港の長い桟橋に立つ人は皆こちらを見ている。汽笛が大きくボーと鳴った。

こんなに朝早く島へ着いても困るが、予約したホテル「椿園《つばきえん》」は船の入港に合わせてチェックインできるのが有難い。島内バスを元町で降り、そのまま宿の温泉にざぶんと浸《つ》かり、部屋で浴衣《ゆかた》に着替えて布団《ふとん》をしき、十時頃までまた眠った。

今回の旅は写真のイナ君、編集のO嬢と私の三人。二人は若く、カップルにオヤジがくっついて来た格好だ。私は伊豆大島は初めてだ。

「どこ行く？」

「車借りて、島一周してみますか」

元町港でレンタカーを借りた。元町は大島で最もひらけ、土産物店や食堂、居酒屋もある。スナック「ある女」の赤い看板が妖《あや》しい。前の席にカップル、私は後ろに座り大島一周道路を南へ出発した。

野増《のまし》の古い郷社大宮神社を見て参道を下る途中に、小さな「東京大学地震研究所伊豆大島観測所」の建物があった。庭の作業をしていた男の人に二、三尋ねるとたちまちわからなくなった。

「ここは地磁気が中心。あと数百万年で大島と伊豆半島がくっつくのは知ってるでしょ。早い話が五十億年で太陽は膨張し尽くし地球と合体するんですよ。ナガタ先生ご存知ない？」

大島と伊豆半島がくっつくのもナガタ先生も知らない。五十億年が早い話とはスケールが大きい。何一つ理解できないまま、意味なく「がんばってください」と挨拶《あいさつ》し車へもどった。

さらに南下した差木地《さしきじ》に「くさや小宮山」の看板が見えた。これならわかる。

「おっと止めて、止めて」

クサヤは私の大好物だ。土産を買い、奥の作業場を見せてもらった。今日は休みでムロアジやトビウオを干す網棚が重ねられている。江戸時代、島では塩が貴重で、干物にする魚を漬けた塩汁を捨てずに繰返し使ううち、魚のエキスが加わり熟成してくさや汁ができた。ここのくさや汁も江戸時代から続く三百年ものでドラム缶八本分ある。汁は休ませるのが大切で一日作ると一日休ませ、塩を補給するのだそうだ。

「私のこだわりは塩です」

主人がこれはニセモノ、これは本物と二つの塩を味見させた。JT（日本たばこ）の精製塩の頭の痛くなるような塩味に比べ、大島産の自然塩「海の精」はしっとりした旨味《うまみ》、甘味があり、はっきり差がわかる。

「沖縄、赤穂《あこう》などいろいろ試しましたが、これにかなうものはありません。クサヤの味がまるっきり違います」

それではその塩を作る所を見に行こうと場所を教わった。

今来た道を少し戻り、海側のやぶ道を入ると、間伏《まぶし》海岸の岩場にこつ然と建築現場のような高いヤグラが立っている。中には網がジグザグに張られ、上から海水が絶え間なくしたたり流れ落ちる。ここは自然塩の普及運動を長年進めてきた「日本食用塩研究会」の研究用立体塩田だ。塩の製造販売は専売法で国に独占されイオン交換式でのみ生産されており、ここで作られる自然塩は研究用として量も厳しく制限され、会員のみに頒布《はんぷ》される建前だ。

「日本では塩は工業のための原料なんですよ。だから純粋の塩化ナトリウムであることが必要なんです。塩の全生産量のうち食用はわずか三パーセントですから国は食物として作ってないんです」

純粋に海水から採る塩田は昭和四十六年の法律で全廃され、日本の伝統製塩は終り

自然塩は姿を消した。（その後、塩専売法の廃止により現在は復活）

「しかし私たちは塩は海産物と思っています。工業用には余計なさまざまなミネラルやニガリこそが、人間が生きてゆく上に欠かせないものなんですよ」

塩を食物として復活させたいと言う生産長の寺田さんの話は説得力がある。頭に白頭巾《ずきん》をかぶり天然塩を作る温室に入れてもらった。水分をとばした濃縮海水をここで天日乾燥すると塩が析出してくる。キラキラと輝く結晶はとても大きく、一粒を口に入れると豊潤な辛味、旨味、甘味がいっぱいにひろがりこれだけでとてもおいしい。人間の母親の羊水のミネラルバランスは海水と同じという。すべての生命の源である海のエキスが結晶となった姿を見て、私はいささか感動してしまった。

少し雲が晴れてきたので三原山へ向った。展望台に立つと新緑の巨《おお》きな山に黒々と溶岩流が残る。昭和六十一年の噴火で全島民が島を脱出、都内の避難所で一カ月余りの生活を強いられたのはまだ記憶に新しい。溶岩の間の緑に橙《だいだい》色の山ツツジが可憐《かれん》に花をつけている。

大島といえば〝御神火《ごじんか》〟三原山。そして都はるみの快唱「アンコ椿は恋の花」を忘れてはならない。昭和四十年には映画化され冒頭のシーンはこの場所だ。

大島東海汽船バスのガイド香山美子《かやまよしこ》は、地元の青年勝呂誉《すぐろほまれ》と、東京から社員旅行でやってきた竹脇無我《たけわきむが》の間で思い悩む。その妹が当時十七歳の都はるみで、歌手志望の張り切り娘の役だ。その恋の結末は歌詞にある。

〽三原山から　吹き出す煙
　北へなびけば　思い出す
　惚《ほ》れちゃならない　都の人に
　よせる思いが　灯ともえて……

さて、夕方になり、元町港から少し離れた大島料理「駒」へ行った。道路から奥まった緑もたわわな灌木《かんぼく》林の中に、芝生を囲んで建つ三棟の茅葺《かやぶ》き民家は、夕闇にぽつりと灯りをともし南国の風情《ふぜい》がある。中は土間。太い梁《はり》や柱、板戸は黒光りし、大島の古い写真や明治天皇御真影、大島国防婦人会旗などが飾られ、まるで明治大正に戻ったようだ。

いろいろある料理から二千五百円のコースを選び、クサヤをつけた。気になるのはアワビ刺の〈時価〉だ。

「……アワビ、とろうか」

「……いくらぐらいでしょうね」

具体的にゆこう。

「すみませーん、アワビ刺、二千円以下だったら一つください」

「小さくなりますよ」

「いいです」

「……探してみます」

これでいいのだ。コースは刺身（ヒラメ、黒ムツ）、大ぶりサザエ刺一個、あしたばゴマ和《あ》え、金目鯛《きんめだい》開きとなかなかの充実だ。大島産の芋焼酎《いもじょうちゅう》「御神火」オンザロックがうまい。伊豆七島は島酒といわれる焼酎圏でクサヤにはこれが一番。

「お待たせしました」

届いたアワビ刺の殻は十二センチほどで一人三切れずつを味わった。ねっとりとしたうまそうな肝はジャンケンで勝ったイナ君の腹に消えた。

コース最後の、ブダイとヒラメを、醬油《しょうゆ》、酒、青唐辛子のタレに漬けた「づけ」をご飯にのせた「べっこう丼《どん》」がとてもうまい。三人とも、ものも言わず平らげ、夕飯の後は港のスナックでもひやかすかと話したのも忘れ、宿へ帰りそのまま爆睡した。

翌日、朝風呂《あさぶろ》を浴び、ロビーにゆくとジョギング姿の老若男女が集まっている。明日の「伊豆諸島小笠原駅伝大会」に新宿から参加したチームだそうだ。この駅伝は小笠原、三宅、八丈、大島と会場をもちまわり、第十回の今年は大島。大島から九チーム、他の島しょから九チーム、都内から二十四の計四十二チームが参加し五区間を走り抜く。この新宿チームは今朝の船で着き、すでに軽く一時間ほど走り、昼からコースを試走するという。ヨレヨレ浴衣に寝呆《ねぼ》け眼の我々もこうしてる場合ではないと、すぐさま朝食をとり出発した。

出発したがとりあえず元町港の喫茶店「モア」に入った。ここは船に合わせ朝五時から開いている。二階の窓から桟橋先の広い海を見ながら飲むコーヒーがおいしい。

昨日の大島一周道路をさらに下り、島南端の波浮《はぶ》港を訪ねた。大島には北に岡田、西に元町、南に波浮の三つの港がある。

高台の道を左に曲るとすぐ目の下に小さな港が見え、下った埠頭《ふとう》に車を止めた。停泊中の船は、勝栄丸、多喜丸、今龍丸、福丸、浦次郎丸……。海は透明で小さな魚影が見える。

「鯵《あじ》。海はもっときれいな時もあるよ」

くわえ煙草《たばこ》にタオルのきまる男が教えてくれる。背中にはすぐ山が迫り、漁港なのに潮の香よりも緑の匂《にお》いがする。

その先のゆるやかに折れる路地は古い木造二階家が軒を接して続き、二階は一様に手摺《てすり》のある肘掛窓《ひじかけまど》で紅殻色のものもあり、どこか懐《なつ》かしい粋《いき》な情緒が漂う。波浮港は明治から昭和初期にかけ、房州船や三崎船をはじめ岡山の高城からも船が集まり大いに栄え、色街もあった。

戦前に戻ったような通りを抜けた先の突堤に「波浮の港」の歌碑が立っていた。

〽磯《いそ》の鵜《う》の鳥ゃ　日暮れにゃかえる
波浮の港にゃ　夕やけ小やけ
あすの日和《ひより》は
やれほんにさ　なぎるやら

昭和三年、作詞・野口雨情《のぐちうじょう》／作曲・中山晋平《なかやましんぺい》により発表されたこの歌はしっとりした情感をたたえ、波浮＝波に浮かぶ、というロマンチックな地名を全国にひろめた。歌碑にはブロンズの鵜が五羽止まり、横に大小の金属管が並んでいる。順に叩《たた》いてゆくと大正ロマンただようこの曲のメロディーがチンチンと鳴った。

路地の中程に戻り、山手の石段を少し登ると木造三階建ての豪壮な旧港屋旅館があった。波浮港最盛期には連日宴席で賑《にぎ》わい、夜ともなれば石段の坂を芝居小屋の芸人が、呼びこみに四ツ竹（カスタネットのような竹の楽器）をカチャカチャ鳴らして流し、お座敷がかかると宴席で歌や踊りを披露した。

この波浮の芸人を描いたのが川端康成の『伊豆の踊子』だ。大正七年、十九歳の川端が伊豆のひとり旅で出会った一行は実在した加藤文太夫一座で、その中にいた娘たいみが主人公薫《かおる》のモデルになった。伊豆への出稼ぎ中、天城峠《あまぎとうげ》で川端が心ひかれたたみはその時十三歳。小説では〈踊子は十七くらいに見えた。私には分らない古風の不思議な形に大きく髪を結っていた。それが卵形の凜々《りり》しい顔を非常に小さく見せながらも、美しく調和していた——〉と書かれている。実際たみは小柄でほっそりし、踊りが上手で、十八番の「松づくし」では五本の扇子を巧みに操ったという。

その旧港屋旅館は古い建物のまま踊子資料館となり無料で見学できる。スリッパにはきかえて上ると、映画化された六人の踊子のスチールが飾られ、ビデオで名場面を写していた。

昭和8年　田中絹代　大日方伝《おびなたでん》
昭和29年　美空ひばり　石浜朗
昭和35年　鰐淵《わにぶち》晴子　津川雅彦
昭和38年　吉永小百合　高橋英樹

昭和42年　内藤洋子　黒沢年男
昭和49年　山口百恵　三浦友和
私は田中、吉永、山口版を見ているが、ここのビデオで見る美空ひばりもなかなかいい（ひばりは歌を歌う）。

写真撮影中のイナ君に声をかけた。

「今、伊豆の踊子をやれる女優は誰かな？」

「やっぱり、牧瀬里穂《りほ》でしょう」

なるほど、それはいい。

「では男役は？」とO嬢に顔をむけた。

「……うーん、本木雅弘《まさひろ》、かなァ」

「あいつかァ」

イナ君は不満気だ。

「では、監督は？」

映画通のO嬢が試すように私の目を見る。よくぞ聞いてくれました。

「澤井《さわい》信一郎《しんいちろう》。これ以外ナシ！」

「……納得」

O嬢がにっこり笑った。

二階大広間は等身大人形で踊子と客の宴会を再現していた。客は丸刈りの親父《おやじ》や長髪の壮士風、髷《まげ》のおばさん達六人。ドテラ姿で肴《さかな》をつまみ、盃《さかずき》を持ち、酔って手拍子叩く姿はあまりにもリアルだが、微動だにしないので不気味だ。膳《ぜん》に並ぶ料理も、あまり手をつけてない者（酒好き？）、ほとんど食べ尽した者（不調法者）、皿からテンプラ落とした行儀の悪い者と、コマカく人物を描写している。踊子は娘らしい赤い椿の着物だ。これが生きているのならなあ……。

路地に戻り、白いのれんにフリルのついた小さなお汁粉屋「松泉堂」へ入った。先代からの古い作り和菓子屋で、今の主人は昭和七年生まれという。昔この通りには飲食店がずらりと並び、そこで働く女性たちにお汁粉はよく売れたそうだ。私は、もしやと尋ねてみた。

「子供の頃、踊子を見ましたか」

「いや、もういなかったね。川端さんの小説も、昔こういう人がいたという書き方でしょう」

資料館の年表には、モデルになったたみは大正九年、十六歳で波浮から下田へ転出したと記されていた。島に残っていればこのお汁粉屋へ通ったのかもしれない。

少し歩き疲れた体に、お汁粉の甘味がやさしくしみていった。島の一日も暮れてきた。さあ今夜も酒だ。レンタカーを返しついでに教わった居酒屋「海味幸《うみさち》」に入った。店内は小ざっぱりして洗いざらした紺作務衣《こんさむえ》の若主人が包丁を握っている。カツオ、イサキ、トビウオ、アカイカと盛込みにした刺身は皆ねっとりと甘味があってとてもおいしく、歓声をあげる我々に、気のいい奥さんが「サービス」とアシタバおひたしを出してくれた。三原山裏砂漠で採ってきた野生で、そこのが一番おいしいのだそうだ。シャキシャキした歯応《はごた》えに、セリのような香りがいい。

島焼酎「御神火秘蔵六年」はきりっと地味な、いぶし銀のおもむきだ。

「はい、さっきお刺身にしたイサキの白子、これもサービス」

とろりとした白子は上品で全く生ぐさくない。アシタバ、魚、どれも新鮮なればこその味を堪能《たんのう》した。

店を出て坂を港の方へ歩いた。海に沈んだ太陽の名残りが水平線の上を赤く染めている。二日間ずっと曇っていたが明日は晴れるそうだ。駅伝大会も盛り上がるに違いない。もう一軒と、港のはずれの「かあちゃん」に入った。

焼酎を頼み、出てきたお通しはベーゴマのような三角のちび貝だ。

「シッタカだな」

「いいえメッカリ。こっちがシッタカ」

お姉さんが指さすけど同じに見える。品書のトコブシ塩焼は今はないそうで残念だ。昨日のようにクサヤで焼酎オンザロックを飲んでいるとガラリと戸を開け、タオルに長靴の男が入ってきて、ぶら下げた網から貝を店の生け簀《いす》にあけている。見るとトコブシだ。

「トコブシ来たよ!」

思わず店の姉さんに声を上げた。

このトコブシ塩焼は最高にうまかった。ぽん酢とネギであえた肝もすばらしい。騒ぐ我々に、そのままカウンターで一杯やりはじめた長靴男が「通《ツウ》はアワビよりトコブシ」と、にんまりと顎《あご》をさする。青唐辛子がピリリときいたべっこうの握り寿司《ずし》(昨日はべっこう丼)をおかわりしてそこを出た。メッカリ吸物もおいしかった。

さあて。もう大体やることはやった。港はとっぷりと暮れて、半袖の腕にあたる風が涼しい。ぶらりと桟橋へ歩いてゆくと男たちが夜釣をしている。バケツには丸々したトビウオが青く光る。その捕り方は、メスのトビウオを釣針にかけておとりに流し、寄って来たオスをタモでさっとすくうとか。

「美人局《つつもたせ》釣り、って言うんだよ」(ホント?)

そんなことできるのかいなと、海面の小さな灯りのついたウキを見ていると目が慣れ、寄ってくるオスが見える。

「来たぞ！ 来た来た!!」

すかさず一人がタモを持って走りまわり、ヨッコラショと上げるとなんと二尾入っている。

「すごーい！」

美人のO嬢が目を丸くし手を叩くと、男は鼻をぴくぴくさせた。バケツにはピカピカに透明な生きたアカイカもいて、腹をふくらませたり閉じたりしている。

「うまそうだな」

思わず呟《つぶや》くと「ヨーシ、お嬢ちゃんもいるし一個あげちゃう！」と私につき出した。

「や、どうも。よし醤油さがそう」

「ナニ言ってんの、醤油なんかいらないよ。このままかじるんだよ！」

男はいきなり胴からゲソをシュポッと抜き私に渡す。なるほどそうか、まだ動いているゲソをガブリ。

これはうまい！ 案外海水の塩辛さはなく、イカとはこんなに甘いものかと思う。

……これに醤油があれば最高だ。

袋も何もないので、裸でしっかり握りしめたイカの胴は掌《てのひら》の中でまだ元気に腹を収縮させている。どこかに持込んで刺身だ。振り返るとスナック「ある女」の赤い看板が今夜も妖《あや》しく光をともしている。

二階の扉を押すと意外に中は広いアメリカ風のウッディーなバーで、ロングカウンターには昼間はついぞ見かけなかった若い男女がいっぱいだ。この島のどこにこんなに人がいたんだ！

カウンターに〝ある女〟は四人いた。私はその中のある女に歩みよりそっと左手のものを見せた。

「すまんが、これを刺身に」

「……はあ!?」

手を洗い席へ戻り、しばらくすると刺身になって出てきた。

「ワサビもつけといたわよ。んもう、こんなお客はじめて」

いや申し訳ない、一杯ずつおごるよと声をかけ、割箸《わりばし》をパチンと割り、ワサビをたっぷり醬油に溶き入れイカをつまむ。カップルとオヤジの三人組はつんつんワサビに涙を流し「大島はサイコー」と呟いた。

（一九九七年）

ウマイ話マズイ話④

あの夕飯の時間

ぶらりとなじみのバーに入り、飲んでいると、隣の会話が聞こえてきた。私と同世代くらいの人だ。昔の給食の脱脂粉《だっしふん》乳《にゅう》の話をしている。

「あれだけはダメ、飲めなかったよ」

「私は、吐いちゃったわ」

「捨てると先生に怒られた。思い出したくもないね」

バーテンダー氏もうなずき、太田さんは? と言うように私に顔を向けた。私はあいまいに笑い、この話に参加しない雰囲気をみせた。

こういう話題にこのようなことを思うのはルール違反かも知れないが、昭和二十一年生まれの私も小学校給食の脱脂粉乳は憶《おぼ》えている。

私はこんなうまいものがあるかと思った。マスクをした給食当番が運んでくるバケツの脱脂粉乳が、公平に注《つ》ぎ分けられるか、腹ぺこガキどもは固唾《かたず》をのんで柄杓《ひしゃく》の先を注視した。信州の片田舎に、まぎれもない洋風文明食の登場はピカピカのご馳走《ちそう》だった。そもそも給食は、弁当を持ってこられない児童のために始まったのだ。それを飲まずにどうして生きてゆく。

私はグラスを見ながら当時の食生活を思い出した。食べものを残すなどということは、全くありえなかった。夕方になると今か今かと夕飯を待ち、台所の母の脇《わき》に立つ。手を出そうとすると「まだだめよ！」ときつい声が飛んだ。たまにする揚物のジャーという音と油の香ばしい匂《にお》いの幸福感を忘れない。

食事は、飯も汁もおかずもそこにある限り全《すべ》て食べる。食べ盛りの兄弟は、おかずも何も常にどちらが大きいかでもめた。

時々、戦中にさつまいもは一生ぶん食べ、今は見るのも嫌だという文を目にする。私の母は、いただきもののさつまいもを山のように蒸《ふ》かし、久しぶりに「好きなだけ食べなさい」という言葉を嬉《うれ》しそうに言った。兄も私も妹も、もりもり食べた。ともかくこうして生きてきた。

信州の母は数年前から食事を作らなくなった。年相応のボケがきたのだ。夕飯の支度の時間が来ても母が立とうとしないほど悲しいことはない。しかし何十年、一日も欠かさず家族の食事を作り続ける仕事を、母は自ら終えたのであった。

今は兄が食事を含めた両親の介護をしてくれ、妹も手伝い、時々は私も交代せねばならない。

ご馳走というよりも、丁寧に米を研ぎ、浸水させてご飯を炊《た》き、きちんと出汁《だし》をとった野菜のみそ汁をつくり、魚を焼く。年老いた母に、私は「たくさん食べてくれよ」と言う。

（二〇〇一年一〇月）

ウマイ話マズイ話⑤

マティーニなんて知らないよ

バーのうんちくで取り上げられるのは、決まってドライマティーニばかりだ。

「男はバーでマティーニを頼まなければならない」

「ドライで、とつけ加えよ」

「チャーチルは、ベルモットは見るだけだった」

誰でも知ってる話をバーで披露されるほどしらけることはない。何とかの一つ覚え、そんなにドライがいいんならジンストレートを飲んでろっての。マティーニなんて知らないよと言いたくなる。

カクテルの王様マティーニは大変おいしいが、強いので私は年に二、三回くらいしか飲まない。

バーに入るときは、何杯飲むかを腹積もりしておく。基本は三杯だ。一杯で店を出れば気に入らなかったことになる、二杯は適正、三杯飲めば満足した意思表示で、それ以上は飲み過ぎだ。

私の一杯目はジントニックだ。さっぱりと爽《さわ》やかなロングドリンクの、味のわかってるのをまず、キューーッとやりたい。レシピは簡単だが作り手により随分味が変わる。

ジンは何を使うかもあるが氷、手順、

混ぜ方(あまり混ぜてはいけない)などで異ってくる。カットライムでなくレモンスライスだったら私にはその店は、はずれだ。氷は極力硬く締まったものがいい。

これを注文するのは、標準的な簡単なものでひとまずバーテンダーを安心させるためでもある。客の最初の注文には緊張する。それを和らげる挨拶《あいさつ》がわりだ。

口に入れたら、お世辞でもよいから顔を見て「うまい」と言う。言われて喜ばない人はいないし、この客は味を見る人だ、しっかり作らねばと思う(だろう)。良いバーはジントニックを大切にし、大阪の「吉田バー」をその最高峰としよう。

そして本命の二杯目だ。二杯目はその日飲みたい、或《ある》いは今凝っているショートカクテルだ。私は三年ほどマンハッタンばかり飲み、さすがに飽きて、今お気に入りはホワイトレディだ。ジン、ホワイトキュラソー、レモンジュースのうっすら乳白色のこのカクテルこそまさに貴婦人。いくら飲んでも飽きない。

二杯目が勝負と身構えるバーテンダーもエレガントな注文に、よし、という気持ちになるだろう。ある程度作りがいのあるスタンダードが二杯目にふさわしい。ホワイトレディは銀座「テンダー」のハードシェイクが最高峰だ。

さあて三杯目。ここは何か珍しいもの、凝ったもの、もしあればバーテンダーのオリジナルなどを試してみたい。

この三杯で終えられれば、私も紳士の客なんだが……。

(二〇〇二年一月)

ウマイ話マズイ話⑥

本物の味

十五年前の四十歳の夏、私を含む五人のパーティーはアイガー峰登頂をめざし午前三時、ミッテルレギ小屋からヘッドランプを点《つ》け出発した。二人は海外遠征経験豊富なプロ登山家、残りは初めてのヨーロッパアルプスである。

東山稜《さんりょう》から頂上を経て西山稜に下りる標準コース。午前九時ころには登頂し、遅くも午後三時には下山するタイムスケジュールだ。

いくつかの登山経験を経て海外の山に挑むと決めてからは、ロッククライミングはもとより、富士山での高度順化、滑落停止訓練、そして基礎体力増加につとめ、万全の調子で日本を発《た》った。

しかし幅二十センチ、左右両側に数百メートルも落ちているカミソリのような雪深いナイフリッジ、連続する登高差の大きな垂直岩稜《がんりょう》は、日本の山とは全く違った。

ヨーロッパ登山はスピード第一に体力で一気に登頂するスタイルだが、我々は安全第一の初心者三人のため、遅々として行程ははかどらない。

午後になっても頂上は遠く、登山者もいなくなり、リーダーはここでビバークすると決めた。弁当のほかに非常食も、水も簡単なコンロもある。わずかなテラスの岩に体を固定し寝袋に入った。

翌日も頂上前でビバークとなり思いもしない展開になった。三日目午前ようやく登頂を果たしたが、下降途中のアイスバーンで一人が突然滑落し、悲鳴を残し谷底に消えた。ところが奇跡的に直前の岩に叩《たた》きつけられて体は止まり、九死に一生を得た。そして呼んだ救助ヘリに吊《つ》り上げられ、運ばれていった。

我々にはまだ下山が残っていたが事故のショックで気力は沈み、より慎重にもう一泊ビバークすることにした。食料はなにもない。雪を溶かして湯をわかし、最後のティーバッグ一つをぎゅうぎゅうと絞り出し、砂糖をたっぷり入れ、黙って回し飲みをした。

精根尽き果てた体に、まさにしみ込んでゆくその紅茶の味よ！　一瞬でも油断すれば即座に命を落とす緊張が三日も続き、いま目の前で仲間が死にかかった。張りつめた気持ちをやわらげるような甘い香り。涙がこぼれ、私は生涯これ以上の味に出会うことはないだろうと思った。

その思いは今も変わらない。よく、一流最高の料理を知らなければ本物の味は語れない、三代道楽しなければ食通とはいえない、などと言う人がいる。

しかし私は、料理屋でうまいまずいを品評しているだけの人間には、本物の味など一生わかるまいと思っている。命を救うものこそ、真の貴い味に違いないからだ。

（二〇〇二年三月）

呉《くれ》、軍港のホワイトナイツ

広島県呉市の目抜き通りに立つと、山を背に瀬戸内海の港のクレーンが高々と見える。この町に初めて来た。

明治二十二年（一八八九）、呉鎮守府（海軍の地方軍政機関）が開庁して以来、呉は地理を生かした世界的軍港となった。目前の江田島《えたじま》には海軍兵学校が置かれ、海軍工廠《こうしょう》（海軍兵器工場）には十万人が集まり、六万の人口が最盛期には七倍近い四十万人になった。呉は海軍の町だ。

まずは昼飯だ。アーケードを曲がると「田舎洋食　いせ屋」の白い暖簾《のれん》が目を引く。昔ながらの小さな食堂だ。手ごろだな。

「いせ屋特製カツ丼《どん》とは何ですか」

「ビーフカツにドミグラスのハヤシをかけたものです。おいしいですよ」

おばさんとお婆《ばあ》さんが同時に答える。壁の「海軍さんの肉じゃが」という観光ポスターに〈肉じゃがは「海軍厨業《ちゅうぎょう》管理教科書」にある「甘煮」という料理がルーツ。呉は肉じゃがのふるさとです〉とある。

「肉じゃがとビール、そのあと特製カツ丼」

スムーズに注文が決まった。

壁の額の、店を写した古い白黒写真は明治四十五年のもので、当時は「アサヒビヤホール日英館《かん》」といい、いせ屋は大正十年からなのだそうだ。

「この白服コックが祖父、抱かれている赤ん坊は父です」

ビールを運んできたご主人によると、祖父は海軍のコックで、明治天皇がお召艦「あさま」で、また大正天皇が「せっつ」で来港したとき、いずれも調理を担当したそうだ。

ングングング……プハー。

どこの町に行っても最初に飲むビールの味は格別だ。肉じゃがは汁はなく、じゃがいもはほっこりと甘く、お総菜というよりは洋食一皿料理の味だ。特製カツ丼はなんと皿盛りにフォークとナイフでカツカレーに近く、正確にはビーフカツハヤシライスと言うべきか。コクとほのかな甘酸《あまず》っぱさは下品なカツカレーとは一線を画し、赤いルーに緑のグリンピースがチャーミングだ。何事もスマートなのが海軍式。田舎洋食どころか、上野精養軒も顔負けの洗練された料理だ。海軍兵学校を出た私の叔父も、外出日にここへ来たかもしれない。肉じゃがを両天皇も召し上がられたかは聞きそびれた。

町の通りの軒先は裏小路に至るまでしめ縄が張られ、白い紙垂《しで》が風に揺れている。今日は地元亀山《かめやま》神社の祭で、これは良いときに来た。あちこちに〈奉寄進〉の高い幟《のぼり》が立ち祭気分を盛り上げる。

歩くうちに祭囃子《まつりばやし》が聞こえてきた。トントコトン、ピーヒャララ。学校制服に祭半纏《まつりばんてん》を着た男女高校生の、台車に乗せた太鼓と笛の列が続く。十センチもある極太荒縄をたすき掛けに体に巻き、先導は真っ赤な鬼の面をつけ六尺棒を手にした屈強な男たちだ。ときどき小さな子供を「わっ」とおどすとたちまち火がついたように泣きだし、可哀想《かわいそう》やら可愛《かわい》いやら。港町の総勢二十人ばかりののどかな行列は、ぶらぶらついてゆきたいようで心なごませた。

投宿したホテルで夕方までぐっすり眠り「さあて」と肩を回した。私の旅の楽しみはその土地の居酒屋での一杯。というよりそのために旅に出る。

まずはビール。いせ屋の近くに見つけておいた、呉の地ビールを飲ませる「クレー

ル」（地名からのネーミング？）で焦茶色《こげちゃいろ》のアルトビールをぐーっと一杯やり、五分で出る。（粋《いき》でしょ）

町は西陽《にしび》のあかね色に染まり、頬に夕方の海風を感じる。本格的に飲む前にちょっと祭を見てゆこう。見当をつけて神社に向かった。

車止めとなった亀山神社参道はぎっしり露店が並び、肩車の親子や制服の女生徒、若い男女がのぞいてゆく。祭の時だけ作られるという「いが餅《もち》」は、あんこ入りの白餅に、赤・黄・緑に染めたご飯粒の「いが」をくっつけたもので、祭らしい色どりがいい。「赤いのひとつ」今から酒飲むんだけどなと思いつつ買った一個は、蒸籠《せいろう》の蒸したてで柔らかく熱く、ひなびた明るい味がした。

神社の石段を上がると「さあ、ものは試しだ、見てらっしゃい」と木戸番が声を上げ、懐《なつ》かしき「お化け屋敷」が出ていた。ろくろ首や傘に一本足のいかにものお化けが、竹藪《たけやぶ》からびろーんと顔を出す。制服にルーズソックスの女子高生が「どうするどうする」と言いながら、へっぴり腰の一団となって入り、たちまち「キャーッ！」とものすごい悲鳴を上げどたどたと後ずさりしてきた。それでもまた先頭の腰にしがみつき一列になって目をつぶらんばかりに入ってゆき、奥から「キャーッ、ヒーッ」と絶叫が聞えてくる。

いつまでもにやにや見ていてもはじまらない。本殿では白と朱の装束の可愛い女の子が神楽《かぐら》を舞い、神主が参拝客に御幣《ごへい》を振っている。いつもは静かであろう神社も今日はにぎやかだ。初めて来た町が祭の日だったうれしさ。私も賽銭《さいせん》を投じ、柏手《かしわで》を打った。

裏に回ると舞台が設けられ、人々が露天の長椅子《ながいす》で「奉納舞踊」というのを見ている。といっても素人《しろうと》演芸会らしい。

「ただいまのは支那《しな》の夜でした。次はステージダンス、憧《あこが》れのハワイ航路です」

推定八十歳のお婆さんのしわがれ声の司会で登場したのは、船員帽、海賊縞《かいぞくじま》のシャツに白ズボン、首に赤いハンカチを巻いた六十代とおぼしき夫婦で、岡晴夫の美声にのり踊り始め、見物人は冷やかすでもなく静かに見ている。やがてカモメよろしき横歩きでよたよたと袖に消え、ぱらぱらと拍手がわいた。

さて居酒屋だ。まずは昼の町歩きで目をつけた「磯亭」のカウンターに座った。二度目のビールに、瀬戸内名物の「手開き小イワシ」がうまい。「エイの洗い」はもちもちしている。

「エイってどんな魚?」

「どんなって、平たくて、こんな……」

箸《はし》を持つ手を横に広げひらひらさせる店の女性は、男心をくすぐる美人だ。もっと何か話したい。目の前の茄子《なす》は三、四十センチもある。

「長いナスだねー」

「今ごろが一番おいしいのよ」

焼き茄子は甘くやわらかくおいしかった。

続いて近くの割烹《かっぽう》風の「山作」へ。すすめられた広島地酒金泉《きんせん》の「華心《かしん》大吟醸」は甘口でやわらかい。いが餅も長茄子も酒も、みな甘くやわらかい。

秋の広島なら松茸《まつたけ》と牡蠣《かき》だ。広島は松茸生産量日本一、もちろん牡蠣は本場。ところが今年は雨不足と松食い虫にやられ松茸はまだ一本も入らず、牡蠣は赤潮でいつになるかわからないという。

気落ちした私に主人の奨《すす》めた「メバル煮付」がおいしい。

「メバルは瀬戸内が一番です。広島をメバルの里にしようって、今、県の方でいろいろやっているそうです」

もう一つのおすすめ「フグ湯引き」もたいへんおいしい。ご主人は「吟醸酒探求会・櫂」で、米作りから酒に取り組み、自作米大吟醸「櫂」もあるという。この人ならばと尋ねた。

「せっかく来たんで、もう一、二軒入ってみたいんですが、どこかご推薦を」

「……そうですねえ」

たちまち今夜のコースが決まった。これがおいらの奥の手さ。

教わった居酒屋「凪」は元気のよい店だ。

「カワハギ生ちり、ね」

「肝は生、ボイル？」

「んーと、生」

瀬戸内の「生ちり」は生きた魚一尾を、皮から肝から全部味わう食べ方だ。白身のカワハギがフグ刺菊造りのように並び、真ん中に生肝と湯通ししたエンガワがこんもり盛られてスダチが添えられ、これはうまそうだ。ねっとりした肝はほんのり甘く、酒がすすんでこまった。

夜の繁華街は車が少なく、ぶらぶら歩くのにとてもよい。祭のためか夜も子供が走り回り、若いのは地面に車座に座り込み、ステテコの老人は孫を見て、老若男女の平和な夜だ。

おでん屋「迷亭」で広島の酒をと注文した「賀茂泉《かもいずみ》純米吟醸」はソフトですいすい入る。受皿にのるグラス代わりのミニ杉樽《すぎだる》がなかなかいい。

「樽屋さんがこんな小さいのも作れるよと見せたのを気に入り、いくつか注文したんです。もうこの一つになってしまいました」

おかみさんがしみじみと眺める。おでんの半生タコは刻み葱《ねぎ》に一味唐辛子がぱらりとかかりとてもおいしい。

「今日は祭ですね」

「昔は泥玉といって、中に当たりとかスカの福引の入る玉を買ったのよ」

「若い者同士で交換して、それをきっかけに男女が祭の夜、口をきくんだ」

「あれが唯一《ゆいいつ》、恋愛の場だったのよね」

中年の一人客とおかみさんが昔を懐かしむ。旅の夜、地元の昔話を聞きながら飲む酒がうまい。

迷亭を出ると十一時になり、居酒屋もそろそろ暖簾をしまい始めた。ではこちらも仕上げと参ろう。とあるビルのバー「ナポレオン」のドアを押した。

「ジントニック」

「かしこまりました」

シュワーと泡のはじける一杯が日本酒で甘くなった口をさっぱりと洗ってくれる。

チーフバーテンダーが、山作主人の言っていた世界大会で優勝した人だろう。話すうち、私のよく行く銀座のバーのマスターと親しいことがわかり、互いに気持ちが和らぐ。……それでは。

「優勝作品を願います」

「はい、食前酒部門の作品ですから甘いですが」

「結構です」

その「ジパング」は甘さの消え際《ぎわ》がさわやかだ。次にショートで何かと頼んだカクテルグラスの一杯は、透明な酒に、ピンに刺したブラックオリーブが一つ沈み、ひんやりと孤高のムードだ。

「ホワイトナイツ、です」

これは初めてだ。三島由紀夫の小説に「純白の夜」というのがあったが……。

ツイー。

ハードな辛口の中に、深い夜の闇《やみ》が幻想的にひろがっていった。

——深夜の一時半。私は堺川《さかいがわ》に沿う蔵本《くらもと》通りの屋台「八起」に居た。清潔な煉瓦《れんが》石畳の通りに十軒ほどならぶ屋台は、夜の川風が気持ちよい。

いせ屋、クレール、磯亭、山作、凪、迷亭、ナポレオン、八起。初めて来た町で八軒も入ってしまった。呉は都会すぎず、のどかな祭が残り、しかもどこか海軍のスマートさを持っていた。

さあて最後の注文にしよう。

「——ラーメンね」


（一九九八年）

ウマイ話マズイ話⑦

理想の名旅館

「二人で行く秘湯のグルメ名旅館」「隠れ一軒宿で味わう熟年のための名人料理」「一日限定五組・究極の味と宿」

最近の中年向けグラフ雑誌（なぜか『○△×』と三文字誌名が多い）の特集はこんなのばかりだ。瀟洒《しょうしゃ》な和室、お湯たっぷりの檜風呂《ひのきぶろ》、豪華な料理に、着物の美人女優が艶然《えんぜん》とたたずむ。某誌なぞは不倫指南誌と揶揄《やゆ》される。

海外旅行も行ったが言葉は通じないし食物は合わん。ニッポン人はやっぱり温泉入って、畳の部屋で気の合う相手と日本酒ちびちび。それが若い愛人なら言うことナシ！　むひひ。中年オヤジのパラダイスは結局これなのだ。

いいなー、オイラも行きたい。……でも、ほんとにいいかのう。

旅館の料理は懐石コースと決まっている。三点盛りから始まって椀《わん》物、刺身、焚《たき》物、焼物、揚物などが、彩《いろど》りも鮮やかに立派な器に飾りたっぷりに盛られ、これでも豪華と言わないか！　とばかりに並ぶ。私とて多少は高級宿の経験もあるが、質の上下はあるけれど基本はこうだ。

女性は、ちまちま色んなものが並ぶのを「まあ、きれい」と喜ぶけれど、男の酒飲みには懐石ほどつまらないものはない。男は色々食べたくない。

しかも旅館は早く仕事を終えたいから、客が早く食べ終わることばかり考えている。こちらは旅先くらい時間を忘れ、ゆっくり酒を飲みたいし温泉に浸《つ》かり、さっぱりと浴衣《ゆかた》に着替えて、宴会という旅館の楽しみは捨てがたい。

そこで私の理想は、まず仲居が品書きを持ってきて、そこから注文する方法だ。土地の味をアレンジしたコースもあるけれど単品で選べる。

「本日は今朝あがった飛魚がおすすめです。お刺身の他に、青唐辛子と味噌《みそ》で叩《たた》いた漁師風なめろうもいけます」

「豆腐は自家製です、揚げたての熱々油揚げをおろし生姜《しょうが》で」

「三人でしたら、名物の鯛《たい》のつみれ鍋《なべ》はいかがですか」

「ご飯は鯛茶漬け、雑炊、手打ち蕎麦《そば》と、何でもできます。その時に言ってください」

要するに居酒屋だ。もちろん酒も地酒をはじめ色んな銘酒が揃《そろ》い、値段も明記だ。この品書きを脇《わき》に置き、ゆっくり夜更《よ》けまで宴席を楽しむ。疲れたら隣には布団《ふとん》が敷いてある。いや、途中でもう一回風呂に入り、また最初からビールで始めてもいい。

「あの、ラストオーダーは何時ですか?」

「一応十時ですが、どうぞごゆっくり」

にっこり笑う美人の女将《おかみ》。ああこんな旅館はないものか。

(二〇〇二年七月)

ウマイ話マズイ話⑧

天然鮎《あゆ》の競演

さる八月、東京某居酒屋で「全国五つの川の天然鮎を食べ較《くら》べ、それに合う酒を決める会」という、とんでもない集まりがあった。

「参加鮎」は、熊本・川辺《かわべ》川、高知・四万十《しまんと》川、島根・高津川、兵庫・揖保《いぼ》川、郡上八幡《ぐじょうはちまん》・吉田川の五カ所。参加者は三十余名。

主催者の苦労は大変だったという。何よりも生きた鮎の入手にやきもきさせられたが、川辺川だけは台風のため漁がなく冷凍ものとなったものの、他の四カ所は、見事に美しい天然鮎がそろった。一人各地一尾ずつとして一カ所から当日およそ四十尾の天然鮎を手に入れること。それが五カ所だから、計二百尾の鮎が集まる。すべてを炭火で焼き、各川ごと一斉に出すことを五回くりかえさねばならない。

参加者には、姿形、香り、味の感想を書き込む採点用紙が配られ、酒、前菜その他のそろったところで、塩焼きが四万十川産から出され始めた。

川魚の女王・鮎は、清らかな白身、苦味と香りのワタ、塩を振った皮の焼け焦《こ》げ風味が三位《さんみ》一体、いや三味一体。頭からかぶりつくのが一番だ。鮎は川底の石につく苔《こけ》を食べるので棲息《せいそく》する川により味、香りが違うという。今こそそれを確かめられる。

・清楚《せいそ》な身と、若苦いシャープな肝の対比あざやかな四万十川鮎。（浅丘ルリ子）

・尺鮎が名物の川辺川鮎は、大ぶりでも身ばなれよく、味はきめ細かい。（若尾文子）

・バジルのような苔の香りが鮮烈な高津川鮎は、最も野性味がある。（北原三枝）

・脂《あぶら》がのり、旨味《うまみ》濃く満足度高いデラックスな吉田川鮎。（京マチ子）

・身、ワタの風味香り苦味、いずれもバランスよいタカラジェンヌのような揖保川鮎。（八千草薫）

いずれ劣らぬ鮎の競演。川により味香りが違うというのは本当だった。鮎通の人が、顔も違うと説明してくれた。

結果は僅差《きんさ》で四万十川鮎が一位となった。グラマー型よりも、ピチピチ型が大方の好みをつかんだようだ。美女コンテストはこのタイプが強いのかもしれない（オヤジ好み？）。参加者は女性も多かったが、女性なおもてか。ちなみに私は、苔の味を強烈に意識させられた高津川鮎が最も印象に残った。最後に神亀《しんかめ》、義侠《ぎきょう》を使った豪華骨酒も出た。

こんな鮎のいる日本の川はすばらしい。しかし無駄な公共事業によるダムや河口堰《ぜき》のため、今や日本の川は大荒れだ。見事な尺鮎の採れる川辺川を、断固ダムから守る意志を確認し閉会した。

（二〇〇二年一〇月）

ウマイ話マズイ話⑨

古い居酒屋二軒

東京新宿から中央線三つ目の中野は、昔風の盛り場が延々と続く。ぶらぶら歩いて古そうな看板建築の居酒屋を見つけ入った。看板建築とは関東大震災後に生れた、外壁に銅板を貼《は》った建物だ。

板敷きの小上がりを背に小さなカウンターに座った。檜皮《ひわだ》の飾り廂《ひさし》や網代《あじろ》の天井はつやつやと飴色《あめいろ》に光り古い。店の真ん中を少し占領して茶釜《ちゃがま》が据わり、しゅんしゅんと湯気をあげる。その向こうに見え隠れする小部屋は居心地が良さそうだ。昔の居酒屋はせまい空間にしゃれた遊び心の工夫を見せ、この店にもそれを感じる。

「必ずあそこに座る人が幾人もいます」と言う白髪の主人は銀行頭取のような落ちついた押出しだ。

この「らんまん」は大正十一年の開店で場所も建物も変わっていないと聞き驚いた。創業八十一年とは東京の居酒屋でも相当古い方に入る。中野は盛り場としては比較的新しいイメージがあったが、こんなに古い居酒屋が続いていたとは知らなかった。二代目主人は昭和三十一年から店に立つという。

注文を受けてからしめる〆鯖《しめさば》がうまい。

店の、まさにいぶし銀の風格が酒をこよなくうまくしてくれた。

しばらくして冬の北海道旭川《あさひかわ》に行った。旭川の飲み屋街は三条六丁目。その通称サンロクから外れたあたりにぽつりと立つ一軒の居酒屋は玄関の裸電球が、おりからのしんしんと舞い落ちる雪にぼおっと光っていい雰囲気だ。

店の名は「独酌　三四郎」。〃独酌〃がいい。手前のカウンターに座った。店内は北海道らしい豪壮な造りで、柱も板壁も煙で燻《いぶ》され見事に艶《つや》光りしている。

外は寒かったが頼んだビールは珍しやサッポロラガーだ。北海道に来るとビールに、内地よりも苦味の濃いコクをいつも感じる。お通しのサラリと煮た大粒大豆がおいしい。

「昭和二十一年の開店から、ずっとこれです」

それは私の生まれた年だ。着物のおかみさんは白く長い古風な割烹《かっぽう》前掛がすらりと似合う。

北海道の軟石を刳《く》りだした炉に熾《おこ》る炭火に直接置く「焼き燗《かん》」がここの流儀だ。蓋《ふた》のつく独特な燗瓶は京都の清水で見つけた油差しを、釉薬《うわぐすり》なしの焼き締めで特注したものだそうだ。

品書きの手製ニシン漬け大中小から、小を頼んだがそのうまさに大盛のある理由がわかった。それはきっと丼《どんぶり》に山盛りだろう。北海道にも古きよき居酒屋があった。手を前にピタリと座る美人のおかみさん相手に冬の夜の酒を味わった。

（二〇〇三年二月）

都電に乗って居酒屋へ

「都電に乗って居酒屋めぐりをしませんか」

うまい話に私は飛びついた。小雨の降るある日の夕方、始発駅〈早稲田《わせだ》〉に集まったのは、女性編集者のNさん、カメラマンのKさん、それともう一人。

「新人のTです。今回が取材初仕事です。よろしくお願いします」

Nさんが紹介した。若いハンサムな男だ。私はくたびれた中年だ。

「よろしくな」私は手短に挨拶《あいさつ》した。

東京唯一《ゆいいつ》の都電・荒川線は新宿区、豊島区、北区、荒川区をつなぐ。〈早稲田〉を始発に終点〈三《み》ノ輪橋《わばし》〉を目指すことにした。

「早稲田の居酒屋なら源兵衛《げんべえ》だな」

「え、もう飲むんですか？」

新人T君が驚いたように声を上げた。あたりまえだ。彼はまだ仕事がよく分かっていないようだ。これは教えてやらねばいかん。

早稲田大学近くの「源兵衛」は創業昭和二年と大変古く、七十年以上にわたり早大生が酒を飲んできた。磨き込まれた古い店内は風格がある。

「質素乃生活
高遠乃理想　安部《あべ》磯雄《いそお》」

壁に掛かる額の安部磯雄は早大野球部を創設し、その名は早大安部球場として残っている。

「球場があった頃は、合宿所からよく野球部員が飲みに来てくれましたよ」

天井の隅に下がる大きな電灯は、球場が所沢に移るとき合宿所の門灯を記念にもらったのだそうだ。

「昔なら南海の蔭山《かげやま》、巨人の広岡ね」

「ロッテに行ってる石井君とか、こないだは横浜の小宮山君ね。今、大学院のアジア太平洋研究センターに通ってる中日の谷沢さんも時々来るわよ」

太っ腹な感じの親父《おやじ》さん、気っぷのよいおかみさんはいかにも大学生に頼られそうだ。

「うちは何でも量が多いの、学生さんはとにかく量多くしないとね」

頼んだ玉子焼きは弁当箱一杯くらいあり、卵を五個使うという。分厚いのを箸《はし》でくずすとほんわり湯気が立ち、学生向けに濃いめの味で大変おいしい。名物のシューマイも一個がとても大きく、粗びきの肉が噛《か》み心地をそそる。

「こりゃあうまい、白いご飯欲しいな」

「ちょっとTさん、写真に入っちゃうんだけど」

カメラマンの声に「Tくん！」と、Nさんがあわてた。

ここには早稲田の先生もよく来る。現総長（取材時）の奥島先生は早大学生時代から顔なじみで、総長に決まり、刷り上がった名刺をみずから名刺屋に取りに来て、そのまま隣の源兵衛に入り見せた。

「あんたが総長？」

大きな声を上げたおかみさんに総長はカンラカンラと笑い、おかみさんは早速、お祝いに越乃寒梅《こしのかんばい》を一本進呈した。今も時々一杯飲みに顔を出してくれるが、昔と違い外で黒塗りの車が待っているそうだ。

私が気に入ったのは青柳《あおやぎ》の舌切りを細串《ほそぐし》に刺し、塩を振って軽く焼いたもの。磯《いそ》の香りが燗酒《かんざけ》にぴったりだ。

「君も一本、どう？」

「いただきます。……けっこういけますね」

メモをとり熱心に取材する女性編集者のNさんがじろりと睨《にら》んだが、串を片手の新人T君は気づかない。「こんど、プライベートで来よう」カメラマンKさんがぽつりとひとり言をもらした。

夕暮れの早稲田駅で都電を待った。電車マークが近づいて来る電光掲示板がかわいい。やがてがたんごとんと一台がやって来て静かに停まった。

私は電車駅の「おさがりください！」の絶叫や、うるさく繰り返されるメロディーが大嫌いだ。都電駅にはそんな野蛮なものはなく、静かにやって来て静かに停まり、静かに降りてゆく。みんな大人なのだ。

三ノ輪橋から来た電車はここが終点。客が降りると運転手がカバンと座布団《ざぶとん》を持ち車内を反対側に歩いてゆく。今度はこちらが先頭だ。

「毎度都電荒川線をご利用いただきありがとうございます。次は面影橋《おもかげばし》、お茶の愛国製茶前です」

都電は久しぶりだ。雨の夕方、小学生やOL、袋を提げたおばさんたちが濡《ぬ》れた傘を手に静かにしている。車輛《しゃりょう》の中は幅二メートルほどと狭く、人の家にお邪魔したような親密な距離感になり、傍若無人に携帯電話をかけたりするのは無礼という空気がある。公共乗物から失われた公徳心は都電に残っているようだ。大塚は、「串駒《くしこま》」〈面影橋〉〈鬼子母神《きしぼじん》前〉〈雑司《ぞうし》ヶ谷《や》〉を過ぎるとまもなく大塚だ。

「きたやま」「こなから」のある都内でも有数の名居酒屋地帯、やはり降りないわけにはゆかない。今日はいつもの店でなく新しいところに入ってみよう。

北口前のビル二階の居酒屋「たいへい」に座った。酒は、開運、出羽桜、おんな泣かせ、手取川《てどりがわ》などいろいろに、焼酎《しょうちゅう》の魔王もある。

新潟栃尾《とちお》の日本一の油揚がうまい。ネクタイ姿の大柄な主人が声をかけてきた。

「日本酒が好きですか」

好きなんてものじゃない、全国の居酒屋で知らぬところはない、本も何冊も書いた。とは言えず（当たり前だ）、「ええ、まあ」と無難に答えた。

「これ一杯飲んでみませんか。サービスです。私の日本一と思う酒です」

ミニグラスに注いでくれた酒は香り高く濃厚なタイプながら品がある。尋ねると北《ほく》洋《よう》の袋吊りだ。北洋は富山の大変優れた蔵だ。T君がじーっと私の手元を見ている。

「一口どう」

「ぜひ」

彼は恐る恐るグラスを口に持っていった。

「……うまいですねえ」

「だろう、これが本物の日本酒だ」

私の講釈に、わははははと主人が笑った。

「居酒屋っていいですねえ」

外に出てT君が言った。ほう、君も居酒屋のよさがわかってきたか。講釈しておだてられると調子に乗るのが私の人物の浅いところだ。

「よし、君を居酒屋の神髄に連れてってやろう」

上司のNさんの目が光った気がしたが、ナニかまうものか。

くぐった暖簾《のれん》は南口の居酒屋「江戸一」。大塚に江戸一あり、酒徒を自認する人で知らぬものはない。入ってすぐの大きなコの字カウンターは今日も酒好きでほどよく込んでいる。

「店が静かだろう、それにひとり客が多い。連れがいてもせいぜい三人まで。騒ぎにじゃなく、ここで酒を飲むことを楽しみに来た。これが本物の居酒屋だよ」

酔うとやたらに〝本物〟が出てくる。

「奥の深いものですねえ」

T君は私の頼んだ〆鯖《しめさば》をつまみながら、店内を見渡し、しきりに感心している。私も久しぶりだ。江戸一の優れているのは燗酒を大切にしているところだ。最近どこへ行っても冷やばかり強制されるのはマッタク困ったものだ。日本酒の基本は燗だ。この店は時流にとらわれず昔ながらの居酒屋の流儀をきちんと守り、筋の通った大人の酒場の風格がある。

「ほんとですねえ」

私の〆鯖はいつの間にかなくなった。

「お燗のお酒っておいしいですね」

Nさんもひととき仕事を忘れたかのように、嬉《うれ》しいひと言を漏らしてくれた。

さてまた都電に乗った。何度も行き来しているとこちらのほうが家に戻った気がする。〈巣鴨新田《すがもしんでん》〉〈庚申塚《こうしんづか》〉と古い地名が駅名に残り、嬉しい。王子の飛鳥山《あすかやま》で降りることにした。

王子には残念なことがある。「東亜」という大変古くすばらしい大衆居酒屋があると聞き、いつか行ってみなければと思っているうち、閉店してしまったのだ。古きよき居酒屋は日々、消えてゆく。思い立った時に行っておかねばと後悔した。その店がもし建物だけでも残っていれば見てみたい。私は王子は全く初めてだ。何となく賑《にぎ》やかなほうへ歩き出した。

雨はやまず居酒屋探しもなかなかつらい。無言の三人が私のあとを足取り重げについてくるのがわかる。柳小路という入り組んだ路地に入った。居酒屋「芳兵衛」、小料理「正月」、季節料理「旅路」、どこも昔ながらの構えでここも古い飲み屋横丁だ。雨に濡れた緑の柳が店から漏れる光にぼんやり照らされる居酒屋「すみれ」の眺めがいい。カメラマンKさんはカメラを出して三脚を構えた。私は「T君は撮影を手伝いなさい」と言い、Nさんとすみれに入った。上司でもない男が指示を出している。

すみれはお婆《ばあ》さん一人でやっているカウンターだけの小さな店だ。

「この辺ではうちがいちばん古いのよ」

それではと東亜を尋ねるとテレビを見ていた中年のひとり客が振り返った。

「駅の向う側。もうないよ、畑になってる」

ともかく行ってみようとあわただしく立ち上がった。

「まだお酒残ってるよ、あんたも薄情な人ねぇ、こんな美人の娘さんにお酌もしないで」

お婆さんの言う通りだ。私は赤くなり座り直した。

王子のガードをくぐり飛鳥山の下に出た角の空き地が東亜の跡らしい。暗い中に、雨に濡れた黄色い菜の花が電灯のように光っている。都電線路はここで大きくカーブし上り坂になる。

プウーッ――

さしかかった電車が悲鳴のように警笛を鳴らし、あえぐように登ってゆく。

桜の名所飛鳥山のこんもりした緑を背に「飲食街さくら新道」という小さなアーケードネオンがひっそりと立っている。文字を囲む少しばかりピンクの豆電球がいじらしくラブリーだ。吸い込まれるようにそこをくぐると暗い路地になり、女性のNさんはすこしひるんだ。さればと私が先頭に立ち歩き出すといきなり左からパッと明かりがつき、先導するように次々に点《つ》いてゆく。

「オオッ」

我々は一斉に声を上げた。センサー感知による電気代の節約かもしれないが、スポットライトを浴び花道を進むようでなかなか気分が良い。

「なんかアガッちゃいますね」

その先は、路地にかぶるように二階が一メートルほど張り出し、肘掛窓《ひじかけまど》のついた不思議な長屋が続いていた。一階は居酒屋やバーばかりが三十軒ほど並ぶ。「てるのや」

「友」「つくばね」「愛」「九重」「音路」「秀楽」「リーベ」。小料理「秀楽」の暖簾の「母より」が泣かせる。長屋の前は高々と樹の生い茂る飛鳥山が続き、名残の桜花びらが土の道に散って、時代劇の宿場に来たようだ。人影は全くない。「これは絵になる」カメラマンKさんがにっこりした。奥の一軒「泡盛の里　あんでぃら」に入った。

まだ開店して二週目だそうで居抜きの店内は真新しい。

「この通りは面白いですねえ」

「昔は二階で女性がお相手したんでしょうね」

「ははあ」

T君が納得顔にうなずく。

泡盛六年古酒・琉球《りゅうきゅう》王朝オンザロックがうまい。

「王子にあった東亜という居酒屋を知ってますか？」

「名前は聞いてますが……」

「知ってるわ」

答えたのは先客で来ていた娘さんだ。私はチャーミングなその人が気になっていたので（コラ）、すかさずそちらを向いた。娘さんは名主の滝や王子神社で遊んだ王子育ち。二階建ての東亜はいつも人があふれていたが、数年前閉店したということだ。

「いつごろからあったんですか？」

「さあ……。そうだ、お父さんに聞いてみる。ちょっと待って下さい」

早速店の隅で携帯電話をかけてくれた。お父さんが小学生の昭和二十二年にはあったから、戦後すぐではないかということだ。都電で通勤していたお父さんは、入ったことはないがいつも窓から見ていたそうだ。

「お、来てるね」

戸を開けた中年の男性客は娘さんと顔見知りらしい。

「あ、ちょうどいい。この人なら知ってると思う。あのね」

すぐに声をかけ話を通してくれ、私は座敷に座った。

王子の名物大衆居酒屋「東亜」は、道に面し開け放たれた一階に長机を十何本も置き、並ぶ丸椅子《まるいす》は地面に固定され、客は皆入れ込みで同じ方向を向いて座った。机二つに女性が一人つき、客の注文を奥に通し、さらに一人が台所につなぐ。

「てんぷら一丁！ へーい、てんぷら一丁！ ってそれは賑やかなものでしたよ」

名物は、刺身の醬油《しょうゆ》皿にのった指の先ほどの小さな鯨ベーコン二枚十円。「おかず十円で飲める店」と宣伝されたこの品は人気で、一人で十人前、二十人前と注文が飛んだそうだ。肴《さかな》はあらゆるものがあり、だいたい百円から二百円。酒は、大ぶりの蛇の目湯呑《ゆの》みから下の枡《ます》にたっぷり注ぎこぼす。要領のいいのは枡にこぼれた分をさっと飲み干し、「おーい、こぼれてないよ」と注ぎ足させたそうだ。

往年の大衆酒場の熱気が生き生きと伝わってくる。説明してくれるお二人は目を細め懐《なつ》かしそうだ。私は礼を言い席に戻った。

それにしても娘さんのてきぱきした取材ガイドで随分助かった。お礼にビールを差し上げてから、新人のT君に顔をむけた。

「キミ、編集者ってのはこうやって……」

「分かりました分かりました」

彼も彼女の行動力に目を丸くしていたようだ。

あんでぃらを出て、もう一度東亜のあった場所に立った。かつてここに連日客が渦巻いていたのだ。今のラブリーなさくら新道もすばらしい。

「あ、店の名前メモしてくるの忘れた」

「ぼくやってきます！」

さっとT君が駆け出した。あんでぃらのお嬢さんに刺激されたようだ。上司Nさんがにっこり笑った。

電車は人家の裏を走り外は暗く何も見えない。こころ持ちスピードを上げたのか、がたごとの揺れが眠気を誘う。

〈町屋駅前〉に降り、がぜんT君の動きがよくなった。ここは取材前Nさんに言われ下調べをしたそうで自信にあふれ、ずんずん先を行く。ぺたぺた後ろをついてきたさっきとは随分違う。

「町屋だったらこっちです」

向かう先は妖《あや》しげなピンクネオンもけばけばしい風俗店地帯だ。歩くのは我々ばかり。「え、入ってらっしゃい」押し殺したような低い呼び込みの声がねばりつく。

「んまあ、T君たら、なに調べてきたのかしら」

たちまちNさんの眉根《まゆね》が険しくなりうつむいて言葉少なに行くとやがて、ぽつりぽつりと居酒屋の看板が続く風情《ふぜい》のある静かな通りになった。

「君、なかなかいいじゃないか」

私の声でNさんもほっとしたように顔を上げあたりを見回す。見上げた先に「どぜう町屋名物どじょっこ」と看板がある。町屋にどじょう屋があるとは知らなかった。

「Nさん、どじょうはどう？」

「私、食べたことないんです」

初体験させるのも私の仕事だ。早速玄関を開けた。よしず敷の入れ込み、低い卓はおなじみのどじょう屋の店内だが、それだけでなくいろんな貼《は》り紙に迫力がある。

・大阪湾しめさば　七〇〇円
・北海道活つぶ貝御刺身　六〇〇円
・おいしい　はも湯引き　七五〇円
・当店の天然なまずは四国四万十《しまんと》川、静岡大井川産

どじょう専門と思ったが立派な居酒屋だ。これはいい。

「まず笹掻《ささが》き牛蒡《ごぼう》をのせ、葱《ねぎ》をたっぷり。この葱だけでもう一鍋《ひとなべ》いけるんだ。通《ツウ》は丸だぞ、開きは柳川だ」

私の指導にも力が入る。やがてぐつぐつ好《い》い匂《にお》いがしてきた。

「七味は小皿の端に取るんだぞ、やたら振りかけるなよ」

講釈がうるさい。

「おいしい！　T君も食べなさいよ」

先輩の後に箸《はし》をとるマナーもついてきて、私はよしよしと一人ごち、吉乃川《よしのがわ》の吟醸

をキューッとやった。

う―い。都電に戻った我々は次第にただの酔っ払い集団になってきた。

「オータさん、この企画、ぜひもう一回やりたいわ、ひっく」

「ボクも絶対来まーす、Nさんいいですね、ふう」

「三ノ輪橋、三ノ輪橋、終点です。お忘れ物……」

名著『下町酒場巡礼』で知った三ノ輪の居酒屋「遠太《えんた》」はぜひ一度入ってみたかった。ここを今回の都電酒場巡礼の終点としよう。

〈三ノ輪橋〉から歩くことおよそ五分。人通りのない桜並木の道にぽつりと看板が見えた。

「やってるぞ　遠太」

これはいい看板だ。期待を込めガラス戸を開くと、見事に古い居酒屋空間があった。高い格天井《ごうてんじょう》、使い込まれていい表情になったカウンター。窓や腰板の細工。建物は昭和三十二年、ご主人の縁戚《えんせき》の宮大工が建てたそうだ。

小上がりの広い窓を開けると外の風がさぁーっと入ってきた。夏、この窓に体を預け風に当たりながらビールを飲んだらどんなによいだろう。

「ええ、みんなそうしてますよ。クーラーなんかつけるなって」

店の奥さんは気さくな中にも品があり、ご主人は江戸前のピシッとした心意気を感じる。お二人の笑顔は、毎日の仕事をきちんと続けているくもりのない清々《すがすが》しさだ。冷たいビールでつつくねぎま鍋は珍しく塩味で、マグロの頭の肉の脂《あぶら》がうっすらと散り、大変おいしい。

「表の正庭《まきにわ》通りは、戦前は吉原《よしわら》通いの客でそりゃ賑わったものです。三ノ輪のお酉様《とりさま》の時なんか特にね。うちも繁盛《はんじょう》しましたよ」

店にどことなく艶《つや》を感じるのはそのためだろうか。ビールを遠太特製焼酎《しょうちゅう》ハイボールにかえた。

午後十時。〈早稲田〉から都電に乗り、居酒屋をはしごしながらここまで来た。つき合ってくれた三人も仕事を終え、それぞれに何か飲んでいる。

「源兵衛が随分昔のことに思えるわ」

Nさんが放心したようにひとり言をもらす。私は新人T君にビールを注いだ。

「お疲れさん。どうだったかい、初仕事」

「大変勉強させていただきました」

律儀《りちぎ》に頭を下げる彼に我々は笑い、そして乾杯した。

（二〇〇〇年）

ウマイ話マズイ話⑩

食べ較《くら》べはおもしろい

三月のある日、酔狂七、八人で「全国牡蠣《かき》食べ較べ」なる一席を開いた。日本各地から生牡蠣を取り寄せ、味較べをしようというものだ。

牡蠣は、北海道（サロマ湖、厚岸《あっけし》）、広島、徳島、長崎、の五カ所のすべて殻つき。生、しゃぶしゃぶ、焼き、の三種の食べ方で、香り、甘味、生臭み、コクなどの微妙な差を、吟醸酒で口を洗いながら吟味してゆく。

殻を剝《む》いたままの生は表面の海水の味が牡蠣の甘みを強調し、海の気を最も楽しめる。焼き牡蠣は野趣が持ち味だが縁《ふち》(貝べら）が堅くなる。一番人気のあったのは、熱い湯に浸し、ぽん酢で食べるしゃぶしゃぶだった。外は温かく中は冷たい、或《ある》いは生温かいという加減を楽しめ、冷たいままよりも味に色気がつく。

清楚《せいそ》な娘だの、適齢期だの、年増《としま》の妖艶《ようえん》だの不謹慎な感想が飛び交い、ではどこが一番かとなった。定評ある厚岸のコク（年増）に対し、徳島鳴門《なると》の華やかな旨味《うまみ》（適齢期）が善戦と評判が集まったものの、ある人の「これだけ美女が集まるとどれが一番かは好みで、順位つけは意味ないね」の独《ひと》り言《ごと》が皆の感想を集約していた。

しばらく後のある日、九州の知人から唐津《からつ》の新ものの生ウニが届いた。ムラサキウニと赤ウニを食べ較べてみてくださいと添え書きがある。浅い木箱に並ぶウニは見た目もはっきり違い、酒飲みにこれほど嬉《うれ》しい贈り物はない。

その夜さっそく、吟醸酒を脇《わき》に置いて味わった。ムラサキウニは高貴な、赤ウニは野性的な味がする。詳しく（？）比較検討しているうち二箱は空になった。

京都に行く用ができ、この際私の京都の大好物「ちりめん山椒《さんしょう》」の品較べをして、土産の定番店を決めようと、行く先々で買い求めてきた。

集まったのは、錦小路《にしきこうじ》「山いち」、高台寺二年坂「梅いちえ」、八坂鳥居前「あり本」、同じく「やよい」、西陣千本の居酒屋「神馬《しんめ》」自家製の五種だ。

ちりめん山椒だけで幾種も並べた有名な「やよい」から、普通の家に「ちりめん山椒あります」と貼紙《はりがみ》して玄関に一品だけ置き、御用の方はベルを押してくださいとある「あり本」まで、ちりめんじゃこの大小、甘辛の度合い、山椒の加減などやはりそれぞれの個性があり、その差を楽しんだ。

自然の食べ物は当然土地や海により味は異なる。また手づくり品は作り手の個性による。何でも較べるとよくわかり、食べ較べは面白い。料理屋の新機軸に「生牡蠣食べ較べ」「各地筍《たけのこ》大会」なんてのが現れるかも知れない。

（二〇〇三年五月）

ウマイ話マズイ話⑪

ラッパ飲みか、否《いな》か

ビールのコマーシャルを見ると、大体缶ビールを缶から直接、ゴクゴクゴクと飲んでプハーうまい!! とやる。あれは嘘《うそ》だ。ビールというものはグラスに注ぐ落下の勢いで炭酸ガスを抜くことにより、すっきりと軽くなり、香りが立ち、甘みが出る。液からガスが抜けるから泡が出る、泡を出すからビールの味になるのであり、全く泡を立てない缶ビールの直接飲みは、ビールの最もまずい飲み方だ。

ということはビアホールのプロ注《つ》ぎ師なら皆言う。

私はどんなときでもグラスに注ぎ替えないといやだ。湯呑茶碗《ゆのみぢゃわん》でもないより良い。作家椎名誠さんのキャンプについていったとき、椎名さんがペットボトルをナイフで半分に切りビールグラスにした。私も真似《まね》をしたが、なかなか具合が良かった。

ペットボトルが全盛で、水やお茶を常に持ち歩く人が増えた。缶のように一度に飲み終えなくてよく、中身も見えて残量もわかる。

飲むときはラッパ飲みだ。これが嫌だ。行儀が悪いと思う。紳士や、まして女性が瓶を口にくわえてラッパ飲みするなど、昔は考えられなかった。女性は人前で何か口にくわえるものではない。

あるシンポジウムの新聞写真に、壇上《だん》に並ぶお歴々の前にペットボトルが一本ずつ置かれていたがコップはない。

メンバーにはインテリで知られる美貌《びぼう》の女性もおり、この人も討議中に喉《のど》が渇くとボトルからラッパ飲みするのだろうか。大勢の聴衆の前で顎《あご》をのけぞらせ、ぐいぐい飲むのだろうか。私は男だがそんな事はしたくない。

しかし男同士のラッパ飲みは良いものだ。映画『ワイルドバンチ』で、荒くれ強盗団一味が難を逃れてホッとし、一本しかないウイスキーを一口ずつラッパ飲みしては次へと瓶を投げ渡す。舌なめずりして待つ最後の一人になった時はもう残っていなく、本人(ウォーレン・オーツがいい)クサり、皆が大笑いするシーンは良かった。これはラッパ飲みでないとキマらない。

数年前、雑誌「本の雑誌」が中心になって、中年ばかりが集まり、昔懐《なつ》かしい運動会をやったことがあった。華は最後の騎馬戦だ。われらのチームは平均年齢およそ五十の男ばかり。主将のカヌーイスト野田知佑《ともすけ》さんは、やおらウイスキーを取りだし、高々と一口飲んで渡し、次々に回し飲み、最後に「ウオー」と気勢を上げ、他のチームを畏怖《いふ》させたが、実戦ではよたよたとあっけなく崩れ去った。


(二〇〇三年八月)

ウマイ話マズイ話⑫

ポルトガルの味

作家椎名誠さんを含む中年男六人でポルトガルにのんきな旅をした。

私の楽しみは食べることだ。ガイド本片手に今夜はこれを食べようと積極的に誘導し、個人的望みをかなえた。

ポルトガル料理は凝ったソースとか、新しい料理の創作などはあまりしないようだ。檀一雄のエッセイで知られる魚塩焼は全く日本と変わらず、塩を振り炭火で焼く。ユーカリの木を焼いた炭がある。漁港のテラスレストランでイワシ（サルディーニャ）、アジ、サバ、黒鯛《くろだい》、紋甲《もんごう》イカ、タコを焼いてもらった。日本のような繊細さはなく、煙もうもうのバーベキューだ。生ビールを飲み、焼魚をつつき、沼津のドライブインと同じだなとひとりが言った。

ポルトガル料理のもう一つの名物「バカリャウ」という塩干鱈《ひだら》は、市場やマーケットに必ず専門店があり強烈な臭《にお》いを放っている。塩抜きして、焼いたり、蒸したり、揚げたりするが、パサパサでちっともおいしくなく、なぜ珍重するのかわからなかった。

おいしいのはエビやハマグリなどの魚貝を白ワインで蒸した鍋《なべ》料理（カタプラ

ーナ）だ。地中海のブイヤベースの流れがあるのだろう。魚貝すり身のスープ（ソーパ・デ・マリスコス）はどこで頼んでも間違いのない一品だった。

ポルトガルにはパスタがなく「一日一麺《めん》」の椎名さんは困っていたが、それに代わるのが米の料理で、おじやに近い海鮮リゾット（アローシュ・ド・マリスコス）や鴨《かも》の炊込《たきこ》みご飯（アローシュ・ド・パト）はおいしく、後半はこればかり頼んだ。

リスボンを離れた北の町ポルトの大河、ドウロ川河岸の古い町並（世界遺産）は、庶民的なレストランが並ぶたいへん魅力的なところだった。

そこで食べたモツ煮込み（トリパス・ア・モーダ・ド・ポルト）は不思議にも薄い味噌《みそ》味がする。チーズでダシをとっているのだろうか。ボウルの野菜スープ（ソーパ・デ・レグーメス）はキャンプの朝の溶けたジャガイモの味噌汁の味で茶色のワカメも浮いていた。

ポルトの古いカフェ「マジェスティク」は大航海時代の栄華をしのばせる豪華な内装がすばらしく、居酒屋好きの私はおおいに満足し、マルガリータの立ち飲みをキメた。

椎名さんはここの「鴨のロースト」は過去最高の鴨であると断言した。あちこちでこころみた馬、猪《いのしし》、山羊《やぎ》のグリルもおいしかった。

食後はいわずもがな、年代物ポートワインで酔いましたとさ。

（二〇〇三年一二月）

銀座 ビアホールの街

夏はビール。上司が文句言おうが、妻が金切り声上げようが、愛人が泣いてすがろうが、誰が何と言おうとビール、ビール、ビール。とりわけ初夏、ビールのうまくなるころの味といったらたまらない。

さわやかに晴れあがり、汗ばむような今日は五月二十五日。給料日のしかも花の金曜日。一年でいちばんビールを飲みたい日のビアホールはどんな様子かと、銀座ビアホールの帝王「七丁目ライオン」を訪ねると、ただいま五時二十分であまりにも当然に超満員、すでに行列待ちだ。

「おひとり様ですね、相席でもよろしいですか」

「はい」

ひとりは得だ。グループ客を抜いて先に案内されたのは、奥の正面大カウンター前の小さな丸テーブル。常連は競ってここに座るという上席だ。なにゆえ上席か。ビール注《つ》ぎ三十五年の名注ぎ職人・海老原清さんの至近距離、つまりいちばん早く届くからだ。ビール飲みは待っていられない。おまけにここはトイレも近い。飲むのも出すのもとにかく早い。

ングングング……

喉《のど》を一気に滑りおりる爽快感《そうかいかん》、そのあと鼻に抜ける干した麦藁《むぎわら》のような香り。やっぱりここの生ビールは一味も二味も違う。昔ミュンヘンのビアホール「ホーフブロイハウス」で初めて本場のビールを飲み、ビールとはかくも旨《うま》いものかと目からウロコが落ちたときを思い出す。

ひと息ついて見渡した。このホールは昭和九年、当時の大日本麦酒株式会社本社として、新橋演舞場などを手がけた菅原栄蔵《えいぞう》により、フランク・ロイド・ライトを手本に設計された。

名物は正面の縦三メートル、横六メートル、ビール麦を収穫するギリシャ風衣裳《いしょう》女性の大モザイク画だ。三年の歳月をかけたというガラスモザイクはいまもまったく色あせず雄大な気分をおこさせる。ホール左右、アールデコ装飾列柱の後ろに並ぶ花のモザイク画もすばらしい。色んな形のビールジョッキにいろんな花が活《い》けられ、どこかに必ずすべて異なる昆虫が一匹いるのがミソだ。

満員のホールは、会社帰りをはじめ、女性グループ、勇退組とおぼしき老年グループに、ひとり客も多く、カイゼル髭《ひげ》の立派な紳士がジョッキを手に悠然とホールの喧《けん》騒《そう》を楽しんでいる。男性は白ポロシャツに千鳥格子《ごうし》の上着、女性は白黒細縞《ほそじま》ワンピースのおしゃれな初老夫婦は、奥様もビールをおいしそうに飲んでいる。どの人も身なりがよいのはやはり銀座だ。

「おまたせしました」

ひとりで来たらしき私と相席の紳士に届いた、赤く大きなローストビーフがうまそうだ。

「醬油《しょうゆ》もね」

「かしこまりました」

なるほどこれに醬油はよさそうだ。じーっと見つめる私に紳士は気づき目が合い、

「おいしそうですね」

私は赤面した。

「これはお徳用なんですよ、よろしければどうぞ」

「いえいえ」

私も「ローストビーフ、醬油で」と注文した。これがきっかけで紳士と話した。銀

髪のその方は戦後の就職難のとき大学卒業となり、ある会社の就職試験に銀座に来た。試験後何名かはすぐ合格と決まり、他の者は後日通知となった。後日通知組のその方は、せっかく銀座に来た記念にと初めてライオンに入り、ビールを注文した。

「向こうのテーブルでは合格組が祝杯上げてるんですよ。僕もあの仲間に入れるのかなあと」

残念ながら通知は不合格だったが東京の別の会社に合格し、それ以来銀座に来るとライオンに寄るようになった。

「ライオンを知ったことのほうが有意義でしたかね、あっははは」

ローストビーフはレアの火加減よろしく大変おいしい。これで六百五十円（当時）はたしかにお徳用だ。毎日五時半と八時半に焼き上がり、通《ツウ》はその時間に来てすぐ売り切れるという。これはいいものを教わった。

「若いころは銀座のローゼンケラーにもよく通いましたよ。美人の外人女性がビールを運んでくれるのがうれしくてね」

ローゼンケラーは今はなくなったそうだ。銀座ビアホールの大先輩は三杯目、私は二杯目を注文した。

外に出てもまだまだ明るい。次は「ピルゼン」だ。

私は昭和四十三年、銀座の資生堂に入社し二十年あまり勤めた。研修中の五月二十五日(今日だ)、給料をもらいに銀座本社に行き、配属先の宣伝部に顔を出すと先輩に昼飯に誘われた。ついてゆくとためらわずピルゼンに入り当然のようにビールを注文する。

「太田君は?」

「しょ、小ジョッキです」

花の銀座の宣伝部は昼間からビール飲むんだと驚き、これが私の銀座ビアホールデビュー(?)となった。資生堂デザイン室はピルゼン派で、夕方になると早めに行って席を確保しておくのが新米デザイナーの仕事になった。

すずらん通り、西五番街通りの両側から入れるピルゼンは、鉄のランタン、頑丈な白木の椅子《いす》と机、藤城清治《せいじ》の影絵、どっかと座る三つの巨大な樽《たる》も懐《なつ》かしい。ここも本日超満員。上着を脱いだ会社員、OL達がもう何杯目かのジョッキを机に爆発的に賑《にぎ》やかだ。ひとりの私は大樽前のカウンターに座り、まずは生を。

ングングング……

ああうまい。つまみは名物のザワークラウト。初めて来たときにキャベツ酢漬でビールを飲むのかと驚いた。その後、吉田健一、石川達三、草野心平らの作家も常連だった知った。

目の前では休みなく大樽サーバーからビールが注がれる。小さなグラスで運ばれる透明な酒はドイツのジンの一種、シュタインヘイガーだ。やはりミュンヘンで、ビールと一緒に飲むのが本場流と教わった。これがどんどん出るとはピルゼンは本格派ビール党が多いようだ。

ビール注ぎの手の空くのを見はからい、気になっていることを尋ねた。この昭和四年築の交詢社《こうじゅんしゃ》ビルは老朽化により取り壊しが決まった。名ビアホールピルゼンはどうなるのか。

「今年の九月二十日で閉店します。別の場所で開くこともしません」

きっぱりした返事が返ってきた。ちょうど五十年という。銀座に在ってのピルゼンなのかもしれない。私にも思い出多い店だ。最終日はどうなるのだろうか。感傷にふけっていると後ろから声がかかった。

「太田さん」

「おお、君か」

なんと資生堂の後輩デザイナーだ。わがデザイン室は相変わらずピルゼン御用達《ごようたし》のようだ。「こう暑くちゃピルゼンですよ」の言葉が頼もしく（？）、しばし昔話に花が咲いた。

表通りにようやく夕闇《ゆうやみ》が訪れた。銀座はこの時間がいちばん美しい。特に五月、交詢社通りの篠懸《すずかけ》並木の緑映えるころは最高だ。昔私は、若い自分がここにいることがうれしく写真を撮ったのを憶《おぼ》えている。隣は並木通り。わが青春はまさにここに在った。デザイナーとして世に出ようという燃え上がるような意気を、この街は大人っぽく、また世の中には本物があるんだよと言うように受け止めてくれた。

向かっているのは、あづま通り五丁目の「ゲルマニア」だ。他にも「ミュンヘン」「アルテリーベ」「銀座ビアハウス」など銀座にはビアホールが多い。

昭和三十年開店のゲルマニアは、ドイツの小さなビアレストランといった雰囲気だ。去年の四十五周年記念に訪れた客の楽しげなポラロイド写真が壁を埋める。超満員でとても無理と思ったが大テーブルを無理やり詰めてくれ、ベンチに座った。

まずは一杯。

ングングング……

店内は赤や緑のチロリアンハット、大きな陶製ビアジョッキが並び、ドイツ各州の旗も下がる。

白シャツに黒ベスト、ここで二十三年アコーディオンを弾いている小野和章さんに、チェックのチロル風スカートの女性二人が加わり、演奏が始まった。

「さあ歌いましょう、最初の曲は『ウィーンわが夢の町』です」

〽私の心はいつもこの町に
遥《はる》か聞こえくる楽しい歌声
ウィーンウィーン
お前は心の故郷
古びた町角かわいい娘たち
ウィーンウィーン
お前は私の夢の町
幸せあふれる夢の町

まったくこの通りだ。二年前私は友人夫婦と、結婚して初めて妻を海外旅行に連れていった。妻は古都ウィーンを大変喜び、私も仕事を離れた旅を楽しんだ。ウィーンは本当に素敵な町だった。どこかのビアホールでこの歌を聞いたかもしれない。

二番はドイツ語で続き、今度は後ろのドイツ人カップルが話を止めしみじみと聞き入っている。ビアホールのよさはやはりこれだ。同じ酒でもちびちびでなく、がぶがぶ飲み、大いに食べ、そして歌うビールは、きわめて健康的だ。

「アイン・プロージット・アイン・プロージット・デア・ゲミュートリッヒ・カイドアイン」

最後はこのテーマ曲、壁にカタカナとドイツ語の歌詞が張りだされた「Prosit！(乾杯)」で締めくくられた。

うーい。ビールばかりとはいえいささか酔ってきた。銀座の街は一軒目を終えて出てきた客で一層賑わい、男も女も皆、顔が輝き、笑顔がこぼれるようだ。銀座通りを渡り、みゆき通りに入ると、さらに人通りは増しまっすぐに歩けない。それでも新宿や渋谷のようにガラの悪いのが見当たらないのはやはり一流の街だ。だれもが銀座にいることを楽しんでいる。

酔った私はふらふらと泰明《たいめい》小学校隣「ローレライ」の階段を下りた。

地下のドアを開くと高々とした歌声がどっととび出してきた。ここも溢《あふ》れんばかりに超満員だ。しばらく立ち飲みして席の空くのを待とう。

人気の瓶ビール「エルディンガー・ヴァイスビア」を頼むと、瓶より大きな腰細のグラスを逆さまに瓶にかぶせ、そのまま瓶ごとひっくり返し、徐々に瓶を抜くように注いでゆく。やがて見事な一杯になった。

ングングング……

ぷはー。生ビールを飲み飽きた後にこの深々としたコクがいい。グラスは目盛のつくドイツ式だ。

壁に、この秋来日するドイツ・バイエルン国立歌劇場のポスターが貼《は》ってある。ズービン・メータ指揮『フィガロの結婚』『トリスタンとイゾルデ』『フィデリオ』は〈望みうる最高のキャストと演目！〉に恥じないが、うーむ、五万四千円か。やがてカウンター奥が空き、腰をおちつけ店内を見た。

ライン川と古城の壁画をアールヌーヴォー風の緑の装飾柱が縁取り、ゆるやかに扇風機が回る大変魅力的なビアバーだ。白い陶製のクラシックなビアサーバーが店を引き締める。

カウンターには、ちょうちん袖白ブラウスに濃緑ジャンパースカート、赤黒チェックのエプロンをつけた、いかにもドイツらしい衣裳のお嬢さんが立ち、巨漢の外人客ポロシャツ三人組を相手に臆《おく》することなく冗談を飛ばし、人気者だ。

小さな店内いっぱいに笑い声の絶えない活気がすばらしい。そんな中で私の隣に座る、ワイシャツにネクタイ、縁無し眼鏡のエンジニアタイプの年配白人紳士は、ひとり静かに本日の締めくくりのようだ。

額の広いハンサムなアコーディオンの人が立ち、女性が陽気に「さあ、リクエストをどうぞ!」と声をかけると、丸テーブルの学生風若者グループが、サザンオールスターズかなんかを歌いだしたが、歌詞がわからずただ怒鳴るだけだ。ようやく終わると、ひとりの背広の紳士が「リリー・マルレーンをお願いします」と静かにマイクを握った。

〽夜霧深く立ちこめて
　明かりともる町角に
やさしくたたずむ恋人の夢
いとしいリリー・マルレーン

落ち着いた歌声にあわせ、リリー・マルレーンの繰返しのところでは店中の紳士たちが一斉にきれいに合唱し、騒がしかった店内はたちまちひとつになった。怒鳴るだけの若者よりも完全に中年紳士の勝ち。さすが大人の街だ。いつしか若者も繰返しを口ずさんでいた。

終わって大拍手。「初めてのドイツ出張で最初に憶えましてね」今の人が外人と話している。銀座紳士には案外ドイツ族が多そうだ。

〽盃《さかずき》を持て　さあ卓を叩《たた》け
　立ち上がれ飲めや
　歌えやもろびと――

おなじみ「乾杯の歌」に店中は一斉にはち切れんばかりになった。皆これを歌うためにここに来たかのようだ。謹厳に見えた隣の白人は歌いながらカウンターを叩いている。ビールとは、ビアホールとはなんとよいものだろう。私もいつしかドラ声を張り上げ、歌っていた。

（二〇〇一年）

＊銀座「アルテリーベ」は二〇〇二年に閉店。

眼鏡美人秘書と
大江戸線ひと巡り

昨年(平成十二年)十二月、東京に地下の山手線ともいえる環状地下鉄・大江戸線が開通した。

「大江戸線で、居酒屋巡りをしませんか」

いつもの同行者から電話がきた。くると思った。この線は居酒屋巡りにまことに都合が良い。東京の名居酒屋地帯、月島、門前仲町、森下、上野と続く隅田川辺りは、複雑な乗換えだったが、このたびすっきり一本に輪を描いた。続いて回る本郷、神楽《かぐら》坂《ざか》、麻布十番も古く由緒《ゆいしょ》ある町だ。よい居酒屋はやはり昔から続く粋《いき》な所に多い。大江戸線はまさにそこを回遊しているのである。

「いいとも」

これ以外に返事があろうか。どのみちひとりで実行するつもりでいた。

……まあ、ヒマなのだ。二日かけて大江戸線を飲み歩く。某月某日、大門《だいもん》駅の立飲み「秋田屋」集合ときまった。

第一夜　大門〜上野御徒町《おかちまち》

麻布十番から大江戸線に乗り大門で下車した。大門とは芝・増上寺参道に立つ赤い山門。ここを通る人で、もうもうと焼鳥の煙をあげる「秋田屋」を知らぬ者はない。

入口の戸を取り払った中は椅子《いす》席だが、歩道の立飲みを好む客も多く、開店の三時半、リタイアかリストラで時間を持て余しここに来たとおぼしきサライ族と、ショルダーバッグかけたフリーのもの書きみたいなの（我々？）でオヤジ度百パーセント。立飲みの気楽さとはいえ今は真冬、皆オーバーを着たまま首をすくめ、グラスや焼鳥を取るときだけポケットに突っ込んだ手をとり出す。

「うーさぶい、よろしく」

ビールは冷たく、同行者の挨拶《あいさつ》もシンプルだ。焼鳥大つくねとニラおひたしがおいしい。手拭《てぬぐ》いかぶったおばさんがせっせと働く。

「この間の雪の日はどうだった？」

「雪見酒だっていつもより繁盛《はんじよう》でしたよ」

「のん気なのがいるんですねー」

そういう我々はのん気でないのか。

店を出た少し先の「名酒センター」なる看板に気を引かれ入った。二坪ほどの店内に「三種三杯五百円」の札がさがり、保冷庫にぎっしり酒が詰まっている。試飲して小売りするようだ。酒には解説がつく。

〈九州菊《くすぎく》　飲んで飲んで飲んで飲まれて飲んで、酔いつぶれて眠るまで飲んで、やがて男は静かに眠るでしょう〉

どこかで聞いた文句だ。

〈白梅《しらうめ》　喜怒哀楽そのたびにこのお酒は私の友になってくれた。いくつもの生き方を教えてもらった〉

一体どんな味なんだ。

「太田さん、これ読んで」

同行者が吹きだしながら指さした。

〈北の誉《ほまれ》　寂しい北海道の一人旅だった。小樽の寿司《すし》屋の暖簾《のれん》をくぐる。いらっしゃいませ、元気な板前の声に少し救われた〉

そりゃよござんした。まるでエッセイだ。

「文学好きかな」

「味を表現できてますかね」

それではと試飲した九州菊は、超辛口だった。

大江戸線に戻り、築地《つきじ》市場駅を過ぎ、勝どき駅からエレベーターでいきなり地上に出た。名橋の続く隅田川が東京湾に注ぐ最後の橋、勝鬨《かちどき》橋のすぐ近くだ。

銀座からこの橋を渡ると「もう東京のことなんか知らないよ」と一気に解放感がわき出る。そうして月島、門前仲町、森下あたりの居酒屋の暖簾をくぐったあと、再び橋を渡り返し、旅から帰る気分で銀座のバーに行くのは目下の私の最強ゴールデンコース。その最初が勝鬨橋たもとの立飲み「かねます」だ。

「ハイボール」

「お、珍しいですね」

うん。ここは酒(富山・幻の瀧《たき》)もいいが、この特製ハイボールがうまいんだ。ついでに言えばここは立飲みとはいえ、フグ、スッポンもある高級店なのだぞ。

「太田さんですか」

入ってきた若い男の客がいきなり私に声をかけあわてた。知らない人だ。

「いつもテレビ見てます」「私も」一緒に来た奥さんらしい女性も続ける。私は某マイナーテレビで居酒屋紀行番組を続けている。誰も見てないだろうと思っていたがこんなところで声をかけられ、「あ、どうも」と間抜けな返事だ。

高さ二十センチほどもある特大グラスのハイボールがうまい。相棒は同じグラスで黒ビールの生だ。おいしいヒラメの煮凝《にこご》りとカブラ蒸しを肴《さかな》に飲み、そこを出た。

「生活に余裕のありそうな趣味の良い若夫婦じゃないか」

「いやに褒めますね」

相棒は皮肉げに答え地下鉄に向かった。

さて次は月島。月島といえば戦後そのままの郷愁の居酒屋「岸田屋」だが、今日は「味泉《あじせん》」だ。ここ二、三年、東京の居酒屋は深化し、高い志を持った新しい店がいくつも出現している。大塚「こなから」、代々木上原「笹吟」、恵比寿《えびす》「和《なごみ》」、そしてこの月島「味泉」。その魅力はずばり、今飲み頃の実力酒をずらりとそろえたラインナップと、従来の居酒屋のレベルを越えた質の高い肴の数々だ。

ところで相棒から、別用のため二日目は同行者が替わりますと言われていた。

「ふーん、いいよ。どういう人？」

「若い女性です」

「ほう」

「酒もまあまあ飲めます」

「ほうほう」

「夜遅いのも平気です」

「ほうほうほうほう」

若い女性と二人で酒を飲みに行くなど何年ぶりか。どこをご案内すればよいのか。何を着てゆけばよいのか。気は合うだろうか。私は不安にかられ味泉でぜひ引き合わせてくれと頼んだ。いきなりデート（違う）はまずい。

もんじゃ焼で有名な月島西仲商店街から少しはずれて味泉がある。我々が先に着き、その女性が現れ相棒が紹介した。

「よろしくお願いいたします」

「こちらこそよろしく」

色白く小柄な百合《ゆり》の花のような美人だ。黒縁の細く小さな眼鏡は、アメリカ映画のタフな探偵をやりこめる知的冷静美人秘書を思わせる。ようし（何が）。

「お酒は何がいいですか、ここにはおよそ六十種の……」

「おまかせします」

性格は素直だ。

「では綿屋《わたや》がいいでしょう。清々《すがすが》しく上品な甘さと涼しげな色気は、あなたにぴたりと思います」

相棒が、よくそういう事しゃあしゃあと言えるねと鼻をふくらます。

ツイー……。

「おいしい!」

「でしょう」

私は自分のことのように胸を張った。ただ選んだだけだけどな。

房州さより、紀州かわはぎ、西伊豆活やりいか、三陸赤貝、ほうぼう、のれそれ、しゃこつめ、〆鯖《しめさば》……。すぐ隣の築地市場の極上をそろえた味泉の魚はいつも目がくらむようだ。

「こののれそれは地元よりうまいです」

高知出身の相棒が素直に認める。透明な活やりいかはまだ生きてる証拠に刻々と皮膚の色を変え、〆鯖はしっとりと舌に吸い付き、煮あなごの香ばしい旨《うま》さに歓声が上がった。酒は渡舟《わたりぶね》、王祿《おうろく》、飛露喜《ひろき》、鶴翔《かくほう》と、一騎当千の秀作ばかり。

「いいお店ですねー」

深々と満足げな眼鏡美人秘書嬢に、私はなんだかほっとした。

さあて、次。ご挨拶だけして失礼しますと言っていた美人秘書は、結局一緒に行くことになった。いいぞ。

月島に続く門前仲町、清澄白河、森下は「浅七」「魚三酒場」「山利喜」と東京を代表する名居酒屋が続くけれど今回は初めての店に入ってみよう。

こんどは男女三人で地下鉄に乗った。男二人より楽しい。大江戸線の車輌は普通よりも小さく、丸っこい形も可愛《かわい》い。丸く長細いのがカーブの多いトンネルをスイスイ走り抜け、たちまち門前仲町に着いた。

門前仲町《モンナカ》の辰巳《たつみ》新道をご存知か。今や少なくなった戦後の匂《にお》いを残す飲み屋小路。情と気っぷの鉄火肌、辰巳芸者の「辰巳」と「新道」がきりりと決まる。二坪ほどの店がおよそ三十軒つらなるくの字の小路だ。

数年前、新聞に小さなコラムが載った。

〈辰巳新道の居酒屋「おまさ」の鈴木政子さん（当時八十四歳）は、戦前日本一といわれたダンスホール「赤坂フロリダ」のトップダンサーだった。当時のダンス券に使われた鈴木さんの写真は大変な美人だ。引退しこの店を持ったが、酔っ払いを嫌い看板の灯は点《つ》けず常連だけでひっそり続けている〉

私はこの記事を大切に持っていた。おまささんに会いたいのはもちろんだが、赤坂フロリダは、美貌《びぼう》の映画スター桑野通子《くわのみちこ》、高杉早苗、小桜葉子《こざくら》もダンサーで踊っていた。私は三十歳で夭折《ようせつ》した桑野通子の大ファンだ。もしかするとその話を聞かせてもらえるかも知れない。

おまさは小路入口角にある。昔はここに柳の木と〈辰巳新道〉の大きなアーケードがあった。看板の電気が消えているのは記事の通りだが、戸は固く閉ざされひと気なく、二階も暗い。休みか……。

残念だが仕方がない。それでもせっかく来たからどこか入ってみよう。小料理久松、鈴江、カラオケ昭ちゃん、きみちゃん、マルニー。「流し演歌ギター田子山」という店からギターが聞こえる。ここにしよう。

カウンターだけの典型的カラオケ居酒屋だ。戸を開けると客が一斉に振り返り、マイクの男は歌いながらじろじろ見る。

酔った中年男四人組はわが美人秘書に興味津々《しんしん》だ。「どこから来たの」「独身?」「何でここ入ったの」「ビールどお」と矢継早。顔は、右から藤原釜足《かまたり》、信欣三《しんきんぞう》、ハナ肇《はじめ》、山茶花《さざんか》究と日本映画の個性派名脇役《わきやく》勢ぞろいだ。壁に新聞記事のコピーがある。〈近江俊郎《おうみとしろう》さんありがとう。流しのギター弾きにとって「湯の町エレジー」は教科書でした〉

平成四年、歌手近江俊郎が死んだ時の投書だ。

「これ書いたのマスター？」

「そうです、私はギターの流しをしてたんです」

マスターは二十歳の時、歌手にあこがれ鹿児島から上京した。おじさんの上野の家具屋にいたが、報知新聞の二行広告〈歌手求む〉を見て行くと流しの事務所だった。何か歌えと言われ「別れの一本杉」を歌い、明日から来いとなった。タコ部屋同然の宿舎でげんこつで殴られギターを特訓されながら、アコーデオンの先輩について営業に出た。深川の料亭二階から芸者さんに「若い兄さん何かやってごらん」と初めて言われ、勇んで「王将」を歌ったが、途中で「もういいわ」とおひねりが飛んだ。

「口惜《くや》しくてね、ようし今に最後まで歌わせてもらうぞと」

やがて一本立ちになり夜の門仲、森下、月島を流して歩く。三曲百円。人気がでて一晩一万円ほどになるが六・四で事務所にとられるので、三千円をポケットに入れてから、本日七千円のあがりと報告した。

「女の人にもてたでしょう」

「へへへ、まあね」

頼まれると新宿や立川、熱海《あたみ》あたりまで出張した。ある日銀座で、高名な洋画家に気に入られ六本木に連れてゆかれると、クラブに高倉健、北大路欣也《きんや》、三木のり平などがいてびっくりした。

「その後がいけないんですよ」

遅くなったから泊まっていきなさいと言われ、洋画家とホテルニューオータニに入ったはいいが、

「二人きりになると後ろから……」

「ぶはははは」

「それだけはと逃げ帰りましたよ」

「ぶははははは」

一同大爆笑だ。なんだか居心地がいい。私は用意の質問をした。

「おまささんは、今日は休みですか」

「おまささんは亡《な》くなりました」

鈴木政子さんは店の二階に住んでいたが去年亡くなり、この近所は皆会葬に行った。長患《ながわずら》いせず最後まで店に立てたから本望だろうと会葬者は話した。

「毎朝挨拶《あいさつ》して、いい人でしたよ。朝日新聞の記事を喜んでました」

そうだったのか。

「ようし、歌うぞ。マスター、ギターよろしく」

私は声をあげた。気持は〈おまささんに捧《ささ》ぐ〉だ。

「そうこなくちゃ、何やります?」

「湯の町エレジー」

〽伊豆の山山　月あわく
　灯《あか》りにむせぶ　湯のけむり

昭和二十三年に発表された古賀政男不朽の名作『湯の町エレジー』は四十万枚の大ヒットとなり近江俊郎主演で映画化され、私も見た。切々と間奏を歌い上げるマスターのギターがすばらしい。

〽ああ　忘られぬ
　夢を慕いて　散る泪《なみだ》
　今宵《こよい》ギターも　むせびなく

門仲から森下、両国、蔵前と乗り継ぎ、本日の終点、上野御徒町のバー「EST《エスト》」のカウンターに座った。このバーこそは今、銀座「テンダー」と並び東京一と称される名店だ。

「おやおや、今日はまた、きれいなお嬢さんつれて」

温顔のバーテンダー渡辺さんが迎える。

「本日終了、お疲れさまでした」

一同乾杯。極めつきのジントニックがおいしい。

「さて、明日はどうします？」

「はい、すでにプランは上げております」

わが美人秘書は眼鏡に指を添え、いかにもそれらしく答えた。その明日が試練の一日になると、その時だれが思ったであろうか。

第二夜　本郷三丁目〜麻布十番

翌朝、二日酔い気味で家の窓を開けるとなんと一面の雪だ。今もどんどん降り続き、テレビが関東地方に大雪警報、夜半まで降り続くと伝えている。のん気に居酒屋巡りの状況ではない。愛用の登山靴に、防寒コート、マフラー、手袋と厳重に身を固め家を出た。

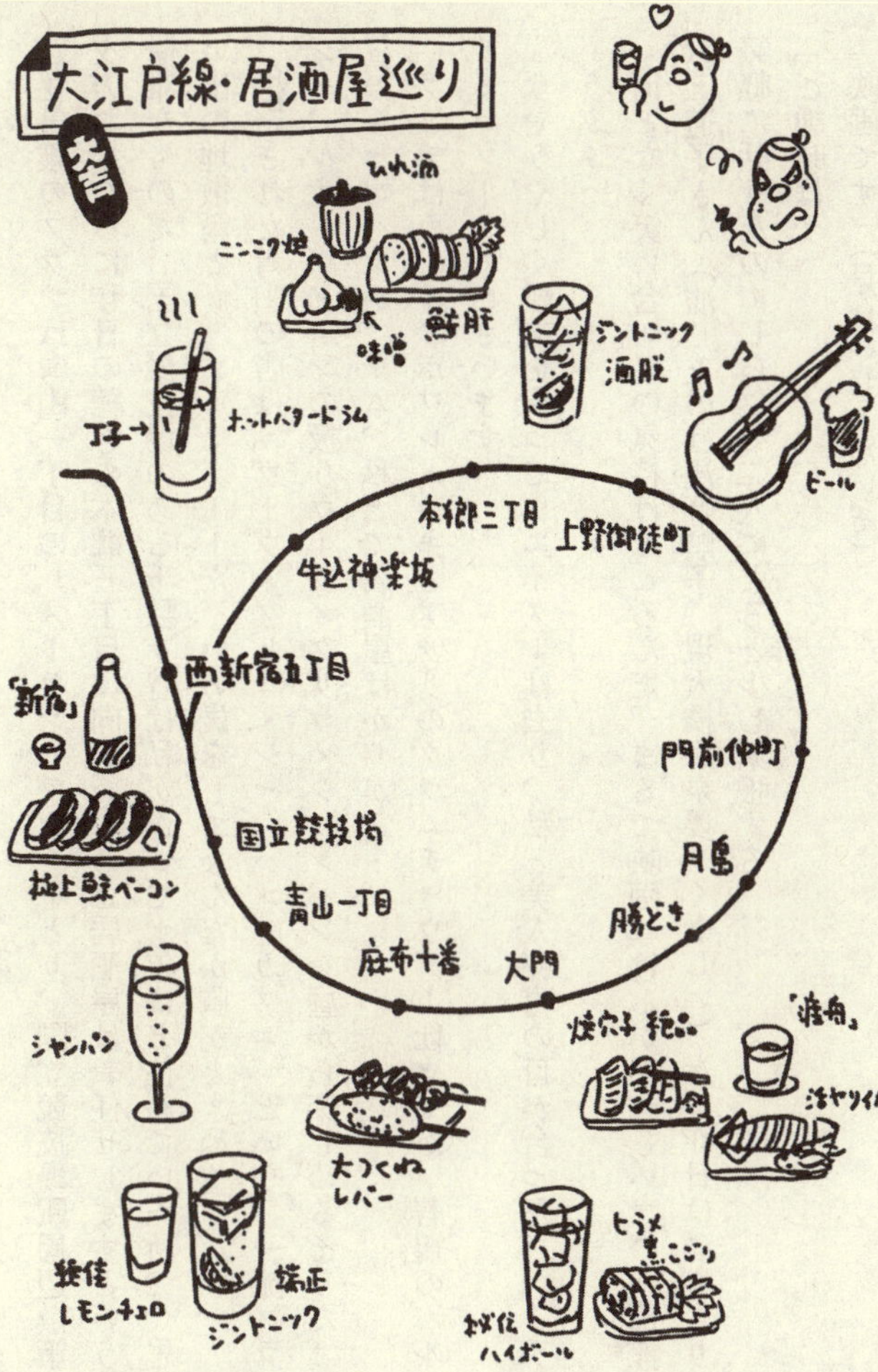

大江戸線・居酒屋巡り
大吉
ひれ酒
ニンニク焼
味噌
鮟肝
ジントニック
ホットバタードラム
丁子→
ビール
本郷三丁目
上野御徒町
牛込神楽坂
西新宿五丁目
門前仲町
「新宿」
極上鮭ベーコン
国立競技場
月島
青山一丁目
勝どき
麻布十番
大門
シャンパン
焼穴子 絶品
活ヤリイカ
大つくね
レバー
ヒラメ
煮こごり
レモンチェロ
ジントニック
ハイボール

秘書嬢のプランは青山一丁目のレストランでランチをとり、国立競技場駅周辺散策、夕方おもむろに昨日の続きの本郷三丁目に向かい、あと居酒屋はお任せしますという優雅なものだ。国立競技場のある千駄ヶ谷は私がかつて十年ほど住んでいた所で、思い出の地散策とか。まるでデートだ。いい歳《とし》をしてなんだか胸がときめく。

指定された青山の店は「ヴーヴ・クリコ・シャンパン・カフェ」という。一流ブランド、ルイ・ヴィトンの扱うヴーヴ・クリコ・シャンパンを昼から楽しめるそうだ。昼のシャンパンか。ウム、私とて居酒屋ばかりが……。

「ランチはカレイのポワレ・カキとアサリのクラムチャウダー仕立てか、若鶏《わかどり》のバルサミコソースでございます」

うやうやしく注文を承ってウエイターは去り、私と美人秘書の目が合った。

「うふふ」

何となく笑い合い私の気持はほころんだ。まるで映画『けんかえれじい』の南部麒《き》六《ろく》と道子さん（演じたのは浅野順子、現大橋巨泉妻、くやしい）だ。昨日は酒も入り気軽に話せたのにしらふで二人になると少し緊張する。

「ご趣味は？」

「映画です」（見合いじゃないぞ）

シャンパンで乾杯。スープ仕立てのカレイのなんとかはおいしかった。

国立競技場駅の外は一面の銀世界で、強い風にあおられた猛吹雪に顔も上げられず、これではとても散歩どころではない。

「太田さん、……リフレクソロジー、行きません？」

「クソ？」

着いたところは青山一丁目に近い赤坂見附。リフレクソロジーとは足裏マッサージのことで英国式と台湾式がある。近年この一ツ木通りに店が集中ししのぎを削っているそうだ。わが秘書嬢はその一軒、台湾式の「烏来《うーらい》」に慣れた様子ですたすた入ってゆく。初めての私は風俗営業の店に入ってゆくようで、後ろめたいような落ち着かぬ気持ちだ。

まず待合室に通されおしぼりが出た。

「よく来るの？」

「ええ、たまに」

彼女は少し恥ずかしげに笑った。ここは深夜までやっていて、編集疲れや作家の原稿待ちの後に来て、もんでもらうとすっきりするという。

どうぞ、と案内された。当然男女別と思っていたが、カーテンで仕切っただけの一室にベッドが二つ並び、「ズボン脱いでこれはいてください」とばかでかステテコを渡し、カーテンを閉めて行ってしまった。

なんたることだ。気がつけばベッドの並ぶ部屋に男と女。ここでズボン脱ぐのだろうか。呆然《ぼうぜん》としていると秘書嬢がベッドの間のカーテンをするすると引いた。あ、こうなっているのか。やれやれと服に手をかけたが、それでも昨日会ったばかりの男女がうすいカーテン隔ててとはいえ、互いにズボン脱ぎあってよいのだろうか。父親が聞いたら激怒するのではないか。

黙っていると不自然だ。何かしゃべらねば。趣味は映画と言ったな。

「まるで、『或《あ》る夜の出来事』だね」

「あら、ほんと」

バス事故でモーテルに泊まることになった知り合ったばかりの男女が、金がなく一部屋しか借りられず、娘はベッドの間に毛布をかけ壁を作る。

「すると僕は、クラーク・ゲイブルかな」

「…………」

返事は返らず重苦しい。

「入ります」無遠慮にカーテンを開けマッサージ師が二人入り、ためらわずベッドの間のカーテンもシャーと開けた。私は隣を見ることができない。隣には女性、私には若い男がつき、施療《せりよう》が始まった。

まず洗面器の温ウーロン茶に足を漬けもみほぐし、拭《ふ》いてから指圧に入った。足裏はすべての神経が集中し、ツボを押すことで体の疾患をみつけ治癒に導くという。いい気持ちだ。日ごろの疲れをとり今夜の取材にそなえる。さすがわが美人秘書、いいこと思いついてくれたな。優しい人だ。いつもの同行者とは違うなー。

「ぐえええええ！」

足指関節を押され私は海老《えび》のように跳ねた。痛い！　ものすごく痛い！　こ、こんなに痛くていいのだろうかと思わず顔をおこし男を見たがなんの動揺もない。これくらいは普通なのか。

「ぎえええええ！」

我慢だ。両手でベッドの端をつかみ体を必死でおさえる。たちまち額から脂汗《あぶらあせ》が吹きだした。クラーク・ゲイブルも形なしだ。私は観念し、まな板鯉《ごい》になった。

雪の本郷三丁目。居酒屋「季よし」の客は二人だけ。肴《さかな》は鮟胆《あんきも》になまこ。二本めの燗酒《かんざけ》がゆるゆる体をほぐしてゆく。美人秘書の頰がほんのり染まる。やはり女だ。

「しかし痛かったなあ」

「つらそうでしたね」

初めてのリフレクソロジーは痛かったが、終わってみると天国的な気持ち良さが残った。足は軽くなり、目がよく見える。施療後、目と胃が疲れていると診断があった。どちらも納得がゆく。心配の肝臓は、疲れてはいるが悪くはないと有り難いお言葉をいただいた。

つらい体験を共にすると男女の仲は深まるという。並んで座るカウンターの外はしんしんと雪が積む。こんな夜にもう客は来ないだろう。今は一月、まもなく梅だ。梅なら隣の湯島天神だ。

〽湯島通れば　思い出す
　お蔦主税《つたちから》の　心意気

昭和十七年、長谷川一夫・山田五十鈴《いすず》主演映画『婦系図《おんなけいず》』に合わせて作られた「婦系図の歌（湯島の白梅）」は、歌手小畑実《おばたみのる》のデビュー曲として大ヒットした。

「ねえ、主税様、……わたし」

「なんだい、お蔦、言ってごらん」

「だって恥ずかしいわ」

「いいじゃないか、じゃ、目つぶってる」

「すみません、ニンニク焼ください」

私の妄想は眼鏡秘書の注文で破られた。今からの道程を考え体を温めておきたいのだろう。私は燗酒をグビリと飲んだ。ひと株丸ごとのニンニク焼は、ほこほことてもおいしく、秘書嬢は付けあわせの生味噌《みそ》を追加した。

再び大江戸線で牛込神楽坂に降りたが、目当ての焼鳥屋「鳥勝」はかなり遠いとわかった。タクシーを拾ってもよいがこの雪でまったく通らない。歩くより仕方がない。

「ニンニク食べたから大丈夫だな」

「はい、ついてゆきます」

ニンニクくさいお蔦主税の道行きもさすがに寒く、道も滑りよたよた歩きだ。転ぶまいと無言で足元だけを見て行く。すでに靴に水が入り中はぐちゃぐちゃだ。美人秘書は大丈夫だろうか。おんぶしてあげたいがそうもゆかない。ようやくめざす小路に入ったが、ああ何ということだ、臨時休業だ。そういえばあたりの店は軒並み灯を消している。この雪ではと早仕舞したのだろう。こんな時、のん気に居酒屋のはしごして歩く者などいない。寒く、どこかに入りたいが当てはない。これは困った。

ピピピ……。有能な秘書が携帯電話を取りだした。ここから彼女の社はすぐ近く、いつもの相棒に救援を求めることにした。私もアイガーまで登った男だ。こんな所で遭難は避けたい。

指定された店「ブラッセルズ」は、まさに吹雪の尾根でたどり着いた避難小屋。その暖かさにしばし放心状態。ラムの熱いお湯割りにバターを浮かべたやつを飲もう。

「ホットバタードラムください」

「太田さんそれだったら、ホットバタードラム・カウにしませんか」

「カウ?」

迎えた相棒が言うには、お湯でなく熱いミルクで割るレシピがあるそうだ。が、店長はまだ作ったことがなくスタンダードにした。熱い一杯をふうふうと飲みひとごこち着く。溶けたバターがおいしい。

「太田さん、彼女の作るジントニック飲んでみてください」

どこか少女のおもかげを残す、うら若い女性店長はバーESTのジントニックに心酔し、一生懸命勉強し、いつもわが相棒が試飲しているという。今日のはどうかとまず相棒が口をつけた。

「うーん、ジンをあと耳かき一杯」

どれどれ、ツイー……。

その通りだ。店長は熱心に耳を傾け大変感じが良い。

「太田さん、ホットバタードラムにも、ひと言」

「ウム。シナモンスティックが太すぎる。これよりも丁子《ちょうじ》を入れなさい。シナモンは入れちゃわないで添えて出し、マドラーがわりにどうぞお好みで、と言うのじゃ」

「わかりましたわかりました、うるせーなあ」

店長教育役を自任する相棒が代わって頭を下げた。

さて次は新宿だが、正直この暖かい山小屋でぬくぬく飲んでいたい。

「だめですよ先生、やはり一周していただかないと。君、嫌がる作家の尻《しり》を叩《たた》くのも編集者の仕事だぞ」

彼女になら尻を叩かれてみたいが（コラ）、よろよろと立ち上がった。郊外の電車は雪で止まったらしくこういう時地下鉄は強い。一日乗り放題乗車券七百円はとうに元を取った。

降りたのは西新宿五丁目駅。高層ビルから離れた暗いはずれに駅ができた。熊野神社先の路地に居酒屋「志な川」がある。

「太田さん、よくこんな所の店、知ってますね」

何が心配なのかついてきた相棒が店内を眺め回す。太い梁《はり》に伎楽《ぎがく》面がいくつも飾られ、長いもみあげが真っ白な主人も神楽舞が似合いそうだ。ここにはラベルに高層ビルが描かれた、その名も「新宿」という日本酒がある。東京・東村山の蔵を新宿区が買い取り新宿酒販組合で出している。渋谷区にも「神宮」という区の酒があるそうだ。

「酒は大事な税源なんですよ」

鯨好きの相棒は厚切り極上鯨ベーコンに目を細め、腰を据えた。そんな事はどうでもいい。痛い指圧、吹雪の道行きと美人秘書嬢との仲は次第に男女になってきたのに野暮な奴《やつ》だ。

「君は仕事があるんだろ」

無理やり無粋男を帰し、いよいよゴールの麻布十番になった。私は去年夏まで十数年、麻布十番に住んでいた。最後は勝手知ったるわが町でしめくくろう。

山の手の下町、麻布十番は老舗《しにせ》と最新流行がいりまじり、周囲は大使館だらけで、八百屋のおかみさんが外国人と声をあげ笑いあっているのは日常のことだ。毎年八月の麻布十番祭の人気はものすごく、各国大使館の出す模擬店は世界中の味や酒を楽しめる。私は庶民的商店街を静かな住宅地が囲むこの町が好きでたまらなく、越してからもよく遊びに来る。

「さあ、どこでもいいよ、どこでも案内してあげる」

「そうね、バーがいいわ。太田さんの行きつけに行ってみたい」

「ＯＫ、まかせなさい、お安い御用。行きつけのバーならいくつもある。

まず一軒目は「月光浴」。モダンな内装、広いカウンターと洗練されたマナーがいい。二人でメニューをひろげた（へへへ、いいムード）。

「私はこれがいいわ、レモンチェロ」

これはよい注文だ。昨日のＥＳＴでは生ざくろのカクテル、ジャックローズ。季よしではひれ酒（ニンニク焼も頼んだけど）と、彼女は注文のセンスがいいなと感じていた。最近日本でもイタリアンレストランで少し見かける、レモン皮をウオッカと砂糖で漬けたレモンチェロは、梅酒のように手製の味を競いあう。へー、これがあるのかとよく見ると、おお、ホットバタードラム・カウもある。ミルク系のカクテルは今流行、さすがに麻布十番だ。

初めて飲んだ「カウ」はなかなかいい。ひと口わけてもらったレモンチェロは濃厚なレモンの香り、甘み、アルコールの力が渾然《こんぜん》としてすばらしい。アルコール96度の世界最強の酒、ポーランドのウオッカ「スピリタス」に一週間漬けるそうだ。

さて次はすぐ先の西洋酒房「命乃水」だ。こちらはぐっとクラシックな英国調の小さなバー。騒音が入らぬよう玄関扉を二つ作り、ガラス越しの葉巻の保管庫は一見の価値がある。シガーバーも今流行中だ。

さて美人秘書嬢の注文に私は注目した。

「モスコミュールをくださらない」

「かしこまりました」

それでよろしい。わが秘書は大人の飲み方を知っている。私のジントニックは、硬く締まった四角な氷の大ぶりを一個沈め、ESTが洒脱《しゃだつ》な洗練とすればこちらは端正な格調がある。私は酔ってきた。思った以上に彼女は酒が強いな。……ようしもう少し飲ませて。

それなら次はおいらの一番行きつけというか、朝までやってるので最後は必ず寄るバー「TANGENT」だ。怪しげなビル四階の小さなバーは、まず初めての客は入ってこない。ここなら誰にも会わない。小さなエレベーターを上りドアを押した。

「お……」巨漢マスターは言葉を呑《の》んだ。女連れに驚いたか。それもハクイ（古いな）。彼は年中アロハシャツ。私はここが一番落ち着く。最初の一杯はいつも同じ。

「ジントニック」

「私は、そうね、ハバナクラブの7年をロックで」

ラムか。うーむやるのう。いい女だな。私は感心するばかりだ。

「マスター、地下鉄が通って十番変わったかい」

「人がすごいですよ。昼間から熟年ていうか、夫婦ものが皆、豆源と浪花家《なにわ》の袋下げて。今まで不便だったから、いっぺん来てみたかったんじゃないんですか。身なりは違いますが婆《ばあ》ちゃん天国の巣鴨《すがも》みたいですよ」

大江戸線開通で一番人の増えたのは麻布十番と聞いたが、そのとおりらしい。

「取材お疲れさま。雪で大変だったね」

「太田さんこそお疲れさまでした、楽しかったわ」

毛布で壁をつくったが、幾日も手も出さないクラーク・ゲイブルに、クローデット・コルベールは物足りなさを感じ始めた。彼女は結婚を親に反対され家出した大富豪の娘。クビになった新聞記者クラーク・ゲイブルは、彼女の発見者に一万ドルの賞金がついたのを知り、旅道中をスクープ記事にして金を作り、彼女に求婚しようと考える。しかし結婚を許す発表が新聞に出て彼女は家に戻り、記事も紙くずになった。いざ結婚式を前に、彼女は自分の本当に好きな人は誰かを知る……。

雪の降る深夜の麻布十番のバーに、わが眼鏡美人秘書は何も疑わずについてきた。大江戸線はとうに終電をすぎている。

私はなんだか甘い気持ちになった。男女の出会いはどこにあるかわからない。上司と秘書がケンカしながらいつしか恋に、はお決まりの物語だ。私はグラスの酒をゆっくり口に入れた。彼女がうるんだような目で私を見つめた。

「……太田さん、あのう」

「なんだい、言ってごらん」

「それ私のグラスです」

「……わかりました」

うなだれた私はマスターに「もう一杯くれ」と自分のグラスを上げた。


（二〇〇一年）

鶴岡の孟宗汁《もうそうじる》にふんどしが揺れた

いつもの同行者から電話がきた。

「山形県鶴岡の居酒屋を探訪しながら藤沢周平文学の舞台を歩き、山田洋次監督の新作映画ロケを見学してインタビューをとりませんか」

ずいぶん欲張りな内容だ。藤沢文学の舞台とは、小説『用心棒日月抄』や『蟬《せみ》しぐれ』などに登場する東北の小藩・海坂《うなさか》藩のことだ。鶴岡に生まれた藤沢は故郷庄内の風土を海坂の名で書いた。

山田洋次監督の新作とは藤沢周平原作の「たそがれ清兵衛」だ。三つの短篇、「たそがれ清兵衛」に「祝い人《ほいと》助八」「竹光始末」を合わせた、監督初の時代劇として今撮影が続き、鶴岡でもロケをする。

私は藤沢周平の時代小説をこよなく愛し、また映画を好むこと人一倍、もとより居酒屋探訪は本業（？）だ。

「うむ、よいであろう」

時代劇らしく重々しく答え、受話器を置いた。

梅雨《つゆ》天口《てんこ》の巻

山形市から鶴岡に向かう夕方のバスは一時間ほどして峠にさしかかった。私は山形市での用事を終え、ここから鶴岡に入る。同行者とは明日の朝合流する。両側から迫る山あいに挟まれた峠を下ると風景は一変し、広々とした庄内平野になった。夕焼けが赤く染める田園の先は日本海だろう。ここが海坂藩だ。

予約したホテルのロビーは映画関係者でごった返していた。ジーパンが板についた精悍《せいかん》な中年、金髪の若いの、何事にも一家言ある、やりたがり屋のまぎれもないカツドウヤの面々だ。私は部屋に荷物を置き、早速居酒屋探訪に出た。仕事しないとな。

日がおちるとかなり冷える。鶴岡の飲み屋街、昭和通りは端から端まで歩いても大した距離はなくあまり人の気配がない。古風な構えの「京鮨」という店に入った。

燗酒《かんざけ》をきゅーっと一杯。淡い紅色のメバルがおいしい。刺身で食べるのは初めてだ。

「今ごろのメバルを、梅雨天口って言うなです」

メバルは餌《えさ》を撒《ま》くと天を向き口をぱくぱく開けるのですぐ釣れ、かわいいそうだ。庄内浜の魚は日本一という主人によると、鶴岡では釣りは武士の鍛練で、長い四間竿《ざお》を担《かつ》いで浜まで四里五里の道を夜中に山越えして走り、体力胆力を鍛える。狙《ねら》いは黒《くろ》鯛《だい》だ。

「釣果《ちょうか》を、今日の御勝負は？と言うなです。いいでしょう」

古武士月形龍之介に似た主人は、釣りの話ができなくては鶴岡では一人前といえんですよ、と目を細める。私は鶴岡、いや海坂藩の気風を知りたい。その地を知るには古い居酒屋に入るのが一番だ。

「鶴岡のいちばん古い居酒屋はどこですか？」

「こまつやでねがのう」

カウンターで話を聞いていた人が答えた。主人によると市の総務部長で、「わしの釣りの弟子」だそうだ。

総務部長さんに教わった路地つきあたりの番所風の戸をくぐり、「こまつや」のカウンターに座った。他に客はなく、後ろの板張り座敷も空いている。

黒板書きから選んだ「たくわん炒め」は、たくあん古漬を水で塩抜きして油で炒《いた》めたもので、古い「すっかく」（酸《す》っぱく？）なったのでないとだめなのだそうだ。枯れた味は武士の酒の肴《さかな》にふさわしい。「用心棒日月抄」に、風邪で寝込んだ主人公の浪人青江又八郎に、女忍びの佐知が雑炊を支度し、互いの故郷海坂の味を語り合う場面がある。そこに出てくる「しなび大根の糠漬《ぬかづ》け」を思いだした。

――「おお、小茄子《こなす》の塩漬け、しなび大根の糠漬けか」

又八郎は、箸《はし》をおろして夢みるような眼つきになった。

「ひさしく喰っておらん」(中略)

「青物と肴だけはやはり国の方がおいしゅうございます」

「おお、それよ。寒の海から上る鱈《たら》などはたまらん」

「はい。寒の鱈、四月の筍《たけのこ》」

(「用心棒日月抄・孤剣」)

「筍の孟宗汁《もうそうじる》はもう出てますか?」

「ええ、(四月)十五日からです」

時代劇の渋い俳優清川荘司に似た作務衣《さむえ》の主人が答えた。いやに正確なのは、これは隣の湯田川《ゆだがわ》産の孟宗竹でなければならず、その出荷が十五日から始まったということだ。冬の鱈のどんがらと春の孟宗は飽きるほど食べますよと笑う。昔一度鶴岡で賞味したどんがら汁はたいへんおいしかった。

静かな夜だ。テレビが酒田と鶴岡の合併問題を論じている。

「まどまるわげねや、人のたぢがまるっきり違うんだもの」

「ほう、どう違います？」

「酒田は商人、鶴岡は武士」

主人は言下に答えた。酒田の人間はすぐ親しくなるが夕方はもう喧嘩《けんか》している。鶴岡は相手を見きわめるまでは簡単に打ち解けないが、ひとたび心を開くと生涯変わらない。商人の本間家（酒田）と武家の酒井家（鶴岡）の違いと強調する。

「山形や新庄はどうですか？」

「あれは内陸だろ。山形どがオキタマどが、あっちの方はとんとわがらねのう」

手を振りまるで他県あつかいだ。

「内陸がら釣りさ来ても、バーベキューしてっはげのう。おいがだはちょっとぎ泳いだら魚《ざっこ》釣りしてちゃっちゃど帰る。おいがだはなんとも思ってねども、ライバル意識あっはげのう。やっぱり海ねえコンプレックスだがのう」

私は笑ってしまった。堂々たるお国自慢だ。

「言葉だて違うしのう」

鶴岡は「そうですのう」と語尾に「のう」をつけるため、柔らかくのどかな感じがする。山形市は「んだがす」と荒っぽい。酒田では「そんだがい」、女性も「おれ」と言うんですよとあきれる。

「庄内はいいどこです。とにかぐ夏の海のきれいだごど、海が光ってますでば」

主人は夢見るような目つきだ。四季がはっきりし、冬の鉛色の海との対比は同じ浜かと思うそうだ。これだけ自分の土地に愛着を持てるのはうらやましい。海坂藩に託した藤沢周平の望郷の念がしのばれる。

「今、藤沢周平の映画のロケが来てますね」

「そんだなです、この間も……」

鶴岡の市民演劇グループ「麦の会」にエキストラの依頼があり大挙出演した。ここ「こまつや」は麦の会のたまり場で、つい先日もその時の話で盛り上がったそうだ。麦の会は、仕事を持ちながら演劇に打ち込む団員が六十人近くいて、毎年必ず公演し、約五十年続いているというから立派なものだ。しかも殆《ほとん》どが民話などを素材にした時代劇なので、このエキストラにはぴったりだ。東北の貧しい小藩という設定から〈なるべく貧相〉が映画製作側の注文で、〈栄養が行き渡って〉見えるためはずれた人は残念がったというのがおかしい。冒頭の葬列シーンはまだ寒い三月に撮り終え、劇団主宰者の息子さんは棺桶《かんおけ》をかつぐ大役だったそうだ。地酒「竹の露」がうまい。育った風土を愛し、武家の風を尊ぶ。海坂藩の気がじんわりと感じられてきた。

月と鼈《すっぽん》の巻

翌朝寝ぼけ眼でロビーに下りると、今ホテルに着いた同行者が待っていた。私はあれからバーを三軒はしごし、いささか酒が過ぎたが、これも藩命のお役目と心得、熱心に仕事した。

「お疲れさんです」

「ふわあ……。で、どうですか」

ソファにどっかと腰を沈めた同行者は眠そうに大あくびした。

「うん、バーはいいのがあるな、居酒屋はもうすこし回らないと」

「そば屋ないすか、そば屋」

皆まで聞かず問い返す。彼も昨夜《ゆうべ》は深酒だったらしい。

郊外に向かうタクシーから遠く見える月山は、澄みきった青空に全山真っ白に雪が輝き、空気まで清澄《せいちょう》に感じられる。

「五月にようやくスキー場開きです。午前中スキー、午後海水浴できるのは鶴岡くらいしかないでがんすのう」

年配の実直そうな運転手だ。

「孟宗汁は食べましたか？」

「んだのう、もうそろそろでしょなあ」

ハンドルを握りながらいささか顔がほころんだようだ。

めあての「大石田《おおいしだ》そば　月と鼈」では若い主人と、まだ娘さんのような奥さんが懸命に働いている。「ぶっ切りそば」は羽釜《はがま》の形の甕《かめ》に入り、木蓋《きぶた》に赤蕪《あかかぶ》の漬物と椎茸《しいたけ》昆布がのる。赤蕪漬は「三屋清左衛門残日録」に出てくる。そばは香り高く十割そばだそうだ。

「ああうまかった、これは山形の地粉ですか？」

「はい、大石田の次年子《じねんご》、おれの生まれだどご」

これが次年子そばか。そば王国山形でも、人里離れた山奥の次年子そばこそ一番と何人もの山形の人から聞いた。大阪ですっぽん料理を修業した若い主人は、子供のころ正月だけ出た、お婆《ばあ》ちゃんが水車で碾《ひ》いて打ったそばを食べたくて出しているのだそうだ。

座る隣《となり》に黒々とした見事な熊の毛皮がかかっている。

「去年撃った熊だなです」

奥さんの言葉に目をむいた。触ると毛はまだやわらかいような気がする。奥さんの故郷は山深い朝日連峰の大鳥《おおとり》という。さらに奥の秘境大鳥池は伝説の巨大魚・タキタロウが潜むといわれ、漫画「釣りキチ三平」にも登場する。私の友人のイワナ釣り師も米と味噌《みそ》をもち何日もかけ山に入り、一メートルにも達する大物を見て神々《こうごう》しさに釣らずに拝んで帰ってきたと言った。今も「マタギさん」が何人もいて、貴重品の熊の胆《い》めあてに熊を撃つそうだ。

小学校の生徒は、はじめ四人いたが二人になり「大鳥池の遠足はやめになって、私は行ってないんだなですよ」と奥さんは笑う。さっきの赤蕪漬は大鳥のお母さんの作なのだそうだ。山から町に下り、寡黙《かもく》な主人を信じて寄り添う、山スミレのように初々《ういうい》しい屈託のない笑顔は藤沢周平の小説に登場してもらいたいようだ。こまつやの主人は庄内浜を称えたが、山には山に咲く可憐《かれん》な花がある。帰りのタクシーから今度は雪の鳥海山が見えた。

市内に戻り史跡を歩いた。庄内平野南に位置する鶴岡は、庄内藩十四万石の城下町として二百五十年の長きにわたり酒井家が統治した。町は城下らしい落ち着きがあり、ときおり道を行く、手拭《てぬぐい》を顔に巻き、菅笠《すげがさ》をかぶってリヤカーを引くもんぺ姿の女性は京都大原の花売りに似て、ゆかしい風景だ。

町中央を流れる内川のせせらぎに映る柳の新緑が美しい。鶴園橋、三雪橋、千歳橋と川端を歩いた。おちこちに〈藤沢周平　その作品とゆかりの地〉の札が立ち、作品の一節を引いてファンの足を止めさせる。この内川は五間川として登場する。

——五間川の川岸では、青草の色が一日一日と濃さを増し、春の到来は疑いがなかったが、その季節の流れを突然に断ち切るように、日は終日灰いろの雲に隠れ、城下の町町をつめたい北風が吹き抜ける日があった。

（「蟬しぐれ」）

おなじみのみずみずしい藤沢調だ。さらに行くと般若寺《はんにゃ》に来た。ここは「用心棒日月抄・凶刃《きょうじん》」に、また映画版「たそがれ清兵衛」にも果たし合いの場として登場する。よく晴れた青空のもとの静かな町歩きは、首筋に当たる風はややひんやりするけれど汗をかかず気持ちが良い。山から下りてきた人だろうか、歩道の端にゴザを敷き青物を売っている。山菜のしどけ、あいこ、うるい、たらのめ、じょな、赤みず。雪の残る山にも春は来ているのだ。

市内中央に戻り致道館《ちどうかん》の門をくぐった。致道館は「義民が駆ける」に登場する。庄内の藩政最も窮乏の時、十三歳で家督を継いだ九代酒井忠徳《ただあり》は、農財政改革を進める一方、中央の華美な風潮を受け乱れた士道を刷新するため、文化二年（一八〇五）、藩校致道館を創設した。四書五経を始めとする学問を終えた卒業生は、やがて諸役につき藩の立て直しに従事した。

昭和二年（一九二七）鶴岡に生まれた藤沢は、鶴岡中学から山形師範に進み、昭和二十四年鶴岡の隣の湯田川中学校に教師として赴任した。担当は国語と社会。胸には学問により人を育て、社会を改良していった致道館への共感があっただろう。

——夜なべで内職の虫籠《むしかご》をつくる清兵衛の隣で、娘の萱野《かやの》が雑巾を縫いながら論語を素読している。萱野はふと清兵衛に声をかける。

萱野「おとはん、（略）学問したら何の役さ立つだろの」

清兵衛「うん、学問は針仕事のようには役に立たねかものう」

清兵衛、目を伏せてしばらく考えた後、答える。

清兵衛「いいか、萱野、学問せば自分の頭でものを考えることができるようになる。自分の頭でもの考えれば、知りてことがたくさん出てくる。それを一つ一つ考えてわかっていくと、お前は豊かな人間になれる。この先世の中どう変っても、考える力を持っていれば何とかして生きて行くことができる。これは男も女も同じことだ」

（「たそがれ清兵衛」脚本）

致道館の風格ある唐様の建物は隅々まできれいに手入れされ、入館は無料だ。今も「少年少女古典素読教室」が続いているという。誰もがいつでも立ち寄れる致道館は、変わらず市民の精神的支柱となっているようだった。

夕方になり居酒屋「花さき」に入った。

「孟宗汁はありますか？」

「はい」

――筍の味噌汁には、酒粕《さけかす》を使うのが土地の慣わしだった。

「わしは筍汁が大好きだ」

と佐伯が言った。前には赤蕪の漬け物が好物だとさわいでいたから……。

（「三屋清左衛門残日録」）

がりっ、さくっと歯応《はごた》えのする大きなぶつ切りの筍は、根の太いところも硬くない。形のままの椎茸一個、大切り厚揚一個がごろりと入るおよそ素朴な汁だ。ここのは豚肉も入りほのかな酒粕の甘みがほっとさせる。

「これは湯田川の筍ですか？」

「んですのう。十五日から出始めました」

湯田川の筍はあく抜きする必要がないそうだ。神妙に味わった同行者が、なかなか質朴なものですなとぽつりと言った。

「ところで僕は、山田洋次監督の映画に出たことがあるんですよ」

「なぬ、作品は？」

「『男はつらいよ・寅次郎《とらじろう》サラダ記念日』」

シリーズ第四十作。信州で出会った美人女医三田佳子に一目ぼれした寅は柴又《しばまた》に戻り、早稲田大学に通う彼女の姪《めい》三田寛子を訪ねる。その場面のエキストラ募集が学内に出て当時早大生の彼は応募した。

「目立つようにピンクのセーター着てったんですよ」

目立ったらしく、ピンクのセーターの背中のアップから向こうに行くショットを撮影したそうだ。明日の監督インタビューのとき話さなくちゃと乗り気だ。

「太田さんは映画に出たことありますか？」

何となく勝ち誇った顔だ。ウム、私とてないわけではない。一九九一年、私は椎名誠監督の映画『うみ・そら・さんごのいいつたえ』に美術監督として加わり、真夏の沖縄石垣島で四十日にも及ぶロケをした。主人公の少年は、漁師の父を海で亡くしている設定だ。

「その仏壇《ぶつだん》の遺影写真」

「ぶはははは」

いわゆる内トラ（内部エキストラ、スタッフからエキストラを出すこと）で、監督の指名に張りきった私は無精髭《ぶしょうひげ》で漁師の役作りをし、写真も凝り、念入りに額縁を作って入れ、監督には写真のアップから引いて全体がおさまるカメラワークを提案したが採用されなかった。完成した映画には米粒のように写り、結局誰でもよかった。

「じゃ、演技なしですね」

「……まあな」

「僕なんか背中で演技です、高倉健ですよ」

「フン」

まあ映画とはそうしたものだ。今日も肌寒く燗酒《かんざけ》がうまい。テレビの天気予報が明日は晴と伝えている。ロケはできそうだ。今この町のどこかの居酒屋で映画スタッフもテレビを見て同じことを言っているかも知れないと思うと、なんだか気合いが入る。

花さきを出て京鮨に彼を連れていった。

「致道博物館で四間竿《ざお》見ましたよ」

「おお、そうかね」

主人は目を細めた。博物館には〈藩政時代、庄内藩は尚武の気性の薄れゆくのを憂《うれ》い、大いに磯《いそ》釣りを奨励した〉と解説があり、名人作の竿や、天保十年（一八三九）、江戸・錦糸《きんし》堀で十代酒井忠器《ただかた》もしくはその子忠発《ただあき》の釣った鮒《ふな》の〈日本最初の魚拓〉というものまであった。

「こちらは、鶴岡に取材勉強に来ている感心な方です」

主人はカウンター客に我々を紹介し、この人は市の市民部長で「わしの釣りの弟子」と付け加えた。昨日は総務部長、今日は市民部長。みんな部長でみんな弟子だ。

「致道館の掃除はこの人がやっとるんだ。時々さぼっとるがのう、うあっははは」

きれいな庭先はこの方によるものだった。人に頼まず自ら掃除するのは致道館を守る気概からだろう。京鮨主人の言に頭をかき「なんでも困ったことがあったら言ってください」と言ってくれる。私はしだいに鶴岡の人柄になじむものを感じてきた。

ひょっとこの巻

抜けるような青空の撮影日和《びより》だ。松竹宣伝部手配のワゴン車に乗せてもらい出発した。資料にと渡された新聞に〈山田監督念願の初時代劇。下級藩士の日常、家族愛、そして本当の斬《き》り合いを描く。出演・真田広之　宮沢りえ　丹波哲郎　岸恵子ほか〉とある。今日は海坂の祭の場面だ。ロケ現場の湯田川温泉に着くと要所に地元の人が車整理に立ち、総出で協力している。

山形の大歌人斎藤茂吉の歌碑の立つ由豆佐売《ゆずさめ》神社の、杉の大樹に挟まれた長い石段を上った。中ほどの石畳道に衣裳《いしよう》箱、小道具箱、メガホン、電源などが散乱する。さらに石段を上がると、忽然《こつぜん》と社殿があらわれた。〈白雉《はくち》元年（六五〇）創建、延喜《えんぎ》式神名帳にも載り、酒井家に造営寄進された格式高い古社云々《うんぬん》〉と説明がある。うっそうたる巨木に囲まれた東北らしい剛毅《ごうき》な造りの古寂《ふるさ》びた趣がいい。これはよい場所を見つけたものだ。

すでに祭の装飾ができていた。といっても設定は田舎の小藩のこと、幟《のぼり》が立つ他は飴《あめ》や面を売る屋台が二、三ある程度のつつましいものだ。狭い境内を埋める七十人のエキストラに私は目を見張った。包みをかかえた町娘、腰に手を当てた婆さん、印袢纏《しるしばんてん》の若者、大店《おおだな》の色息子、葛籠《つづら》を背負う旅人、二本差しの侍等々が、皆、髷《まげ》が全く違和感なく乗り、生身のリアリティがある。

古い日本映画を山のように見た私が今の時代劇に感じる最大の不満は、目に光のある昔の日本人の風格を持った俳優が全くいなくなったことだ。腑抜《ふぬ》けた現代がそうさせてしまったのだ。しかしここにいる人々は皆懐《なつ》かしい昔の顔だ。これはやはり地元で四季を感じ、しっかり大地に足のついた生き方をしているからだろう。「なるべく貧相」どころか、東京あたりのサラリーマンや若造にはこういうひき締まった顔はない。「今日は出演《すつえん》だで」女衆はどこか華やいで高揚し、男たちも互いの衣裳を見較《みくら》べ満更でもなさそうだ。

その中に白百合のように宮沢りえがいた。水色の着物がいかにも清々《すがすが》しい。清兵衛(真田広之)の幼なじみ朋江(宮沢りえ)は、男やもめの清兵衛の幼子を祭に連れ、離縁した夫(大杉漣《れん》)に出会う。

囲む中に長身の山田監督が立ち獅子舞《ししまい》の踊りをじっと観察していた。神楽《かぐら》、囃子《はやし》、獅子舞は地元保存会の方々でまぎれもない本物だ。やがて助監督が「では本テスいきます、みなさんお静かに願います」と声を上げた。本テスはテスト本番のことで、テストだがカメラは回す。自然な一回目が良い例はよくあり、そのためだ。

「シーン49、カット1、テイク1」

「ヨーイ、……スタート」

カチン！　一瞬カチンコが鳴り芝居が始まった。獅子舞が大きな振りのあとしゃがむ女の子にサーッと寄ってくると、その子は火がついたように泣きだした。

「カーット」

楽しい祭がこれでは怖くなってしまう。しかしその子は満座の注視もあってお母さん(母子共演らしい)にしがみつきさらに泣きやまない。さてどうするか。監督はお母さんに、泣いたままでいいから獅子が来たら追い払ってくれと注文した。泣く子をむしろほほ笑ましくしてしまおうという狙《ねら》いか。

「続いていきます、カット1、テイク2」

「ヨーイ、スタート」

同じ芝居で獅子がサーッと寄り、お母さんはすかさず「だめだめ、あっちへ行ってください」と手を振った。

「カーット。標準語はいけません、あくまで地の言葉で」

監督の指摘に笑いがもれ、雰囲気がなごむ。

「ではもう一回、カット1、テイク3」

獅子舞寄って来る。

「だみだ、だみだ、あっちさ行げ！」

一同どっと笑い、監督に会心の表情がうかんだ。

カメラの位置替えで小休憩になり、私は石段に腰をおろす黒紋付に袴《はかま》の老人に声をかけた。

「役柄は何ですか？」

「名主、ということになっとりますがのう」

温厚篤実《とくじつ》な風貌《ふうぼう》はぴったりだ。本業は農家で今はコミュニティセンターのまとめ役をしているそうだ。

「原作は読まれましたか」

「はい、……私は藤沢先生の教え子だったなですさげのう」

「え！」

萬年慶一さんは中学一、二年を教わったが、藤沢は肺結核のため二年間で教職を退いており数少ない教え子の方だ。

という。

当時湯田川は旅館の子供あたりは裕福だったが、他は疎開《そかい》の子たちを筆頭に貧しかった。藤沢先生はまったく平等に（平に）、子供に接したのが強く印象に残っている
「そうですのう……、もの静かで、やさしくて、平《たいら》な先生だったですのう」

「どんな先生でしたか」

「恩師の映画に出演する気持は如何《いかが》ですか」

「はい、やはり一目、見てもらいでがったですのう」

子役のくじ引きに孫が当たり、一緒に出てるんですと嬉《うれ》しそうなおだやかな顔は、どこか藤沢周平を思わせた。

昼食休みになり、神社の山を下りて、藤沢が勤務した湯田川中学校に行ってみた。のどかな家並をぬけた田んぼの始まるところの小さな学校だ。建物はもちろん新しいが〈至誠報徳〉と入る二宮金次郎像は藤沢のいた当時のものだ。御影石《みかげいし》の藤沢周平文学碑に〈赴任してはじめて、私はいつも日が暮れる丘のむこうにある村を見たのである。『半生の記』より〉とある。隣の「藤沢周平先生記念碑」には、文学碑の建立《こんりゅう》を申し出た教え子に藤沢は身分不相応と断ったが、熱意に負け「皆んなの記念碑」とすること、できるだけ簡素にすることなどを条件に許された経緯が記されている。末尾

に小さく〈平成十一年七月　文・筆　萬年慶一〉とあった。さきほどの名主役の方だ。簡潔な文、清雅な墨書文字は、恩師藤沢周平先生にまことにふさわしかった。

午後、撮影が再開した。ひょっとこ面でふんどしをだらしなく垂らした、滑稽《こっけい》な踊りをじっと見ていた監督は、見えを切った股間《こかん》から獅子舞がふんどしをパクッと嚙《か》む演技をつけた。しかし踊り手はお面、獅子舞はかぶり布の中で互が見えず、タイミングがなかなか合わないまま、空《むな》しくフィルムが回ってゆく。監督はついに立ちあがり「はいそこで獅子！」と声を出すがそれでもなかなかうまくゆかない。腰を低く落として股《また》を割り、「スタート」のたびに肩をガクッ、ガクッと揺さぶる踊り手は大変だ。脚本にあれば練習しておけるが、今注文の出た演技だ。とはいえ自分がうまくやらない限りこの場面は終わらず、全員を待たせているという必死の緊張感が、面の下から伝わってくる。監督は容赦なく「もう一回！」を繰り返す。私はかたずをのんで見守った。

十回は越えただろうか。端からもこれはうまくいったかと見えた時、ようやく「カーット、オーケー！」が出て、すかさず助監督が「宮沢さん、大杉さんお待たせしました」と声をかけ、スタッフも見物もいっせいに、待っていた俳優の方に移動を始めた。

しかし私は残されたひょっとこ面の人を見ていた。彼はよろけるように立ち上がり離れた辻堂《つじどう》にへたへたと腰をおろした。面をはずすと、滑稽《こっけい》とは大違いの生真面目《きまじめ》そうな青年だ。はだけた胸には滝のように汗が流れ、肩を大きく上下させるが息はなかなか鎮《しず》まらない。額の汗に目をしばたたかせるが、そこにはやりとげた涙も混じっているようだ。ようやく握りこぶしで目を拭《ぬぐ》う。私の後ろで保存会の法被《はっぴ》を着た人が「ササやん、さすが」とつぶやいた。演じたのはこの踊りの第一人者の佐々木さんという方だそうだ。私は名演技に心の中で大きな拍手を贈った。

やがて明日のためのリハーサルを残し、撤収がはじまった。

夕日も沈み、ホテルの喫茶室に山田監督があらわれ、お疲れのところ恐縮ですがとお話をうかがった。

「初の時代劇が藤沢作品ですが」

「ええ、僕は晩年の宮本武蔵《むさし》を映画にしてみようと、藤沢さんに相談に行ったことがあるんですよ」

これは初耳だ。藤沢周平は興味を示し、自分も晩年の武蔵を書いたことがある（「二天の窟《あなぐら》」）と、色んな話をしてくれたそうだ。

「田舎の中学の先生そのままの朴訥《ぼくとつ》な人で、流行作家の雰囲気は全くなく、いい人だなあと思いましたね」

本人に会い、作品を読み進むうち、藤沢作品ならば自分の時代劇ができるんじゃないかと、江戸の町人ものをいろいろ書いてみたが映画にするとなると難しい。時代劇はやはりチャンバラがないと面白くない。

「それならば海坂藩に挑もうと決意したんです」

今までアクションはあまり描かなかった山田監督には意外だ。三回書き直したという脚本には最後に壮絶な斬《き》り合いがある。

「そう簡単に一刀では決まらないと思うんですね。何合も斬り合い、傷を増やして最後に出血多量で息絶えるんじゃないか」

斬り合いの前夜に何をするかも興味があるという。脚本には入念に刀を研ぐ場面がある。初の立ち回り演出に、従来の時代劇への疑問や色んなアイデアがあるようだ。

「黒澤さんに、いずれ時代劇を撮りたいと話した事があるんです」

黒澤明監督は面白がり、こういうのはどうだいと、小説『大菩薩峠《だいぼさつとうげ》』に出てくるエピソードを教えたそうだ。

「時代劇はドラマが明確に形になるところがいいですね。侍が出てきたらやはり刀を抜く。クライマックスが命のやり取りなのは撮っていて面白いです」

下級武士の貧しくも平和な日々に、突然白刃《はくじん》がひらめく、これを描きたいと言う。それはまさしく藤沢作品の醍醐味《だいごみ》だ。

映画は原作と変え、幕末の設定になっている。

「清兵衛は幕末の近代的な価値観に気づいていたと思うんです。青年期には非常に剣が強かったが、もはやそういう時代ではないと諦《あきら》めを感じている」

脚本執筆には福沢諭吉の自伝にある、封建制や身分制への疑問が大変参考になった。

「清兵衛も同じ疑問をもちながら、庄内の田舎藩の限界を感じていたのではないか」

明治に時代を移したラストは、ある時代の美しい生き方への挽歌《ばんか》に思える。

お話を聞いているとますます映画への期待がふくらむが、いただいた時間が過ぎた。

監督は何度も聞かれているであろう質問にも誠実に答えてくれた。

「ふんどしの撮影は面白かったです。お面の人は終わったあと滝のような汗でした」

「あ、そうでしたか、それは、それは」

監督は破顔一笑した。

夜ふけて私と同行者は、内川に近い昭和三十五年開店の古いバー「８９」に居た。

マスター矢口さんの愛称から「８９《やぐ》」と名付けたのは京鮨の主人だが、マスターは九年前に亡《な》くなり今は奥さんが後を継いでいる。矢口さんは食品衛生組合長の京鮨主人の片腕として業界のため尽くしている最中の急死だった。京鮨主人もその話の時だけは下を向いた。私は鶴岡初日から89に来て今日は三晩めだ。

「モスコミュールをください」

「はい、スカイボールになりますが」

それはいい。スミノフウオッカに、ジンジャーエールではなくトニックウォーターを使うスカイボールを今出すバーは殆《ほとん》どない。冷え冷えの銅マグカップで飲むこれは最高だ。

太い白黒ストライプシャツに蝶《ちょう》ネクタイ、胸当てエプロンがトレードマークのママさんは、ドイツ人のような目鼻立ちで御年七十近いはずだが、しゃきしゃきとまことに歯切れよく、何を注文しても「かしこまりました」と全く迷いのない知識と技術に私は感嘆していた。

カキン。硬く締まった氷がグラスに当たり金属的な音をたてる。

「いい音だね」

「そうなの、カクテルは氷がいちばん大事、マスターがいつも言ってたわ」

奥さんは仕事には「弟子として」厳しく仕込まれたと言う。壁には白いバーコートのご主人の写真が飾られている。

「太田さん、ロケ見てどうでしたか」

「うーん、やっぱり映画はいいなあ」

監督の意志のもとに一丸となって作り上げてゆく映画はやはりすばらしい。集団でよってたかって何かするとろくな事はないが、映画は芸術で娯楽、まったく平和なことなのだ。

鶴岡の三日間が過ぎた。やはり町の気風はあるものだ。学校の集団検診で肺結核と診断された藤沢周平は、鶴岡から東京多摩に転院。右肺上葉、肋骨《ろっこつ》五本切除の大手術をうけ、二十四から三十歳の男盛りに六年の療養を余儀なくされた。その長い病床生活で、もし退院することができたら文学の道をめざそうと決意する。心ならずも離れてしまった、彼方《かなた》の故郷をいずれ書こうという想いもあっただろう。地道な暮しにあっても学問を尊び、武士の気概を保つ。女はそんな夫を信じ、黙ってついてゆく。清《せい》冽《れつ》に心にひびく藤沢文学の根は故郷庄内の気風にあると私は知った。

「キミ、山田監督に出演した話するの忘れたろう」

「しまった、……まあ、いいですよ」

ひょっとこ面の熱演にはピンクのセーターどころではないか。いずれにしても映画の完成が楽しみだ。

「さあ、もう一杯」

手を上げると、ママさんがにっこり笑った。

（二〇〇二年）

＊映画『たそがれ清兵衛』は二〇〇三年の映画賞を総なめにし、アメリカ・アカデミー賞外国語映画賞の候補にもなった。ふんどしの場面はカットされることなく、たっぷり使われた。

リルをさがして
横浜《ハマ》から大阪《ナニワ》へ——ちあきなおみに捧《ささ》ぐ

横浜／上海《シャンハイ》帰りのリル

横浜の「港の見える丘公園」に初めて来た。小高い丘から広大な横浜港が一望できる。船の帆のような高層ホテルや七十階にも達するビルが海を囲み、海面遥《はる》か高く湾をまたぐベイブリッジに高架道路が何本もうねるように吸い込まれてゆく。空襲で焼けた終戦の港を想像することは難しい。

戦後の昭和二十二年、ビクターから新人平野愛子の『港が見える丘』が発売され、十万枚のヒットとなった。

〽あなたと二人で来た丘は
港が見える丘

色あせた桜　唯《ただ》一つ
淋《さび》しく咲いていた
船の汽笛　咽《むせ》び泣けば
チラリホロリと花片《はなびら》
あなたと私にふりかかる
春の午後でした　※1

けだるさを漂わせた声は大人の女の情感をたたえ、軍歌一色に染められていた人々の心に砂漠の水のようにしみていっただろう。二番「あなたと別れたあの夜は」、三番「あなたを想《おも》うて来る丘は」と続く詞は、出征した恋人との別離を歌うかのようだが、メロディーにはむしろ甘くやるせない諦念《ていねん》がある。

「歌謡曲の現場を訪ね、夜は居酒屋で一杯やりませんか」

いつもの同行者からこんな電話があったのは数日前だ。

私は歌謡曲が大好きだ。特に深夜ひとり、酒を傾けながら聞いているとたまらない気持ちになってくる。何枚組もの昭和歌謡大全集ＣＤも買った。「ようし、横浜行こう」私は答えた。

午後の公園は制服の女子高生たちが弁当をひろげ屈託がない。彼女たちはこの公園の名が戦後のヒット曲によるとは知らないだろう。昭和三十七年の開園式には山手に住む歌手渡辺はま子が招かれこの歌を歌った。

昭和二十七年六月、『桑港《サンフランシスコ》のチャイナ街《タウン》』『支那《しな》の夜』などのヒットを持つ渡辺はま子のもとに、フィリピン抑留中の日本人戦犯からぜひあなたに歌って欲しいと歌詞と譜面が届いた。詞は三番の最後の一節に想いのすべてが込められている。

〽モンテンルパに　朝が来りゃ
昇る心の　太陽を
胸に抱いて　今日もまた
強く生きよう　倒れまい
日本の土を　踏むまでは ※2

感動した渡辺はビクターに持ち込み、宇都美《うつみ》清と共に吹き込んだ『ああモンテンルパの夜は更けて』は大ヒット。渡辺はモンテンルパの日本人戦犯刑務所に慰問を決意し、同年十二月現地におもむき、五十九人の死刑囚（すでに十七人が処刑されていた）を含む百九人の日本人抑留者の前で歌い、涙の大合唱がこだました。これがフィリピン政府を動かし、翌二十八年全生存戦犯者が釈放され、日本の土を踏んだ。その中にともに死刑囚だった作詞作曲の二人もいた。

山手の公園を下り、伊勢佐木町《いせざきちょう》に向った。夜は一大ネオン街となるこの町も昼は閑散とした商店街だ。そろそろ師走《しわす》をひかえ、並木の枯葉が店先のワゴンセールの洋服にからみつく。広い歩道の脇《わき》にグランドピアノを横倒しにした形の『伊勢佐木町ブルース』の歌碑があった。マイクを握る青江三奈のレリーフと譜面がはまり、ボタンを押すとため息で始まる歌が流れる。

裏には〈横浜にちなんだ名曲〉として題名が列挙されていた。『憧《あこが》れのハワイ航路』『港町十三番地』『よこはま・たそがれ』『ブルー・ライト・ヨコハマ』……。題に横浜と入る曲は二十七もある。歌謡曲の地名で多いのは一番東京、二番長崎といわれるが次は横浜だろう。明日は異国に渡る船乗りへの憧れ、港の女との一夜の酒。港、マドロスものは歌謡曲の花形だ。

「ぼちぼち一杯やりませんか」

同行者が肩を回した。そうだな、冬の日暮れは早くすでに暗い。

「その前にひばり像に挨拶《あいさつ》しないと」

横浜、いや歌謡曲といえばもちろん美空ひばりだ。女王を素通りするわけにはゆかない。何度も来ている野毛《のげ》「松葉寿司《ずし》」前のひばり像は今日もライトに照らされている。シルクハットに燕尾《えんび》服とステッキのスタイルは昭和二十四年ひばり十二歳、映画『悲しき口笛』のものだ。昭和の終わった平成元年にひばりは没し、五年にこの像が建ち、半年間に二回ステッキが盗まれたという。松葉寿司の主人とひばりは幼なじみで、以前甘いもの屋だった頃ひばりはお母さんとよく来たそうだ。

野毛の飲み屋街は夜を迎えていい雰囲気だ。どことなく残る昭和三十年代の空気が私をひきつける。近ごろ野毛で活気のある居酒屋は「麺房亭《めんぼう》」だ。ラーメン屋のような名前で事実ラーメンもあるが、一騎当千の日本酒とワイン、厳選された産直食材の肴《さかな》料理を山ほどそろえ、なお食の原点は「粉」にありと手打ち麺に力を入れている。日本とイタリアの両方の居酒屋を同時に楽しめる、港町横浜らしい店だ。

「つまり、冷えた〈東北《とうほく》泉《いずみ》純米大吟醸風露〉を飲みながら〈厚岸《あっけし》の生牡蠣《がき》〉と〈福井大野の日本一美味《うま》い洗い里芋揚げ〉をつまみ、〈神亀《しんかめ》ひこ孫純米〉の燗《かん》で〈マグロのほっぺ肉のねぎま小鍋《こなべ》〉をつつき、〈赤ワイン・バローロ〉で〈クイーンポーク味《み》噌《そ》漬けオーブン焼き〉を楽しんで、仕上げは〈ニンニク納豆キムチラーメン〉もしくは〈生パスタフェトチーネ・ゴルゴンゾーラ〉がいけるということだ」

「それでいい！　その通りでいいです！」

同行者はたちまちのった。そしてその通りにした。

ぐふ。よせばよいのに彼は目一杯食べたあとラーメンも研究中とかで注文し、水を飲んでむせている。

「どうだった？　ラーメン」

「麺、つゆともに存在感があります」

ふうん。研究とはいえご苦労なことだ。

「うしろの鯛《たい》の塩釜《しおがま》見たかったですね」

「うん」

我々のうしろの席に送別会なのか六人ほどが集まり、メインに鯛の塩釜（要予約四千六百円）をとり大きなプレートで出ているけれど、主役が遅れているらしくなかなか開かない。

鯛の塩釜は鯛一尾をまるごと塩で固めて蒸し焼きにする豪華な料理で、焼かれて堅くなった塩を木づちで叩《たた》いて開け、桜色の鯛が湯気とともに姿を現すところが見せ場だ。と、知ったように書いているが、今はじめて見た。

「以前わが三文小説に、筋書き上登場させたけど、知らないので、食べたことのある人に聞いて書いたんだよ」

「けちくさー、リアリズムで食べなきゃ」

「……高いからな」

「味の描写はどうしたんですか？」

「比類ないうまさ……」

「ぶはははは、情けないー」

それが今見られるとラーメン後もぐずぐずしていたが結局開かなかった。正確には席を立ち勘定をしている時、「ごめーん遅くなって」と主役が駆け込んできたけれど、だからといってまた見に行くわけにはゆかなかったのだ。

帰り際《ぎわ》に主人に聞いた。

「横浜で思い出す曲は何？」

「うーん、やはりカップスですね」

ゴールデンカップスか。若いな。歌の話をするとすぐ年齢がわかる。誰か津村謙、灰田勝彦を知らないか。

ミナト横浜といえばバー。やってきたのは埠頭《ふとう》に近い山下公園。すぐ先は海の絶好の位置にある最近私の気に入りのバー「スリーマティーニ」だ。野毛時代は小さな雑然とした店だったが去年ここに移り面目を一新した。店内はセピア色に薄暗く、木のカウンターはふかふかの分厚い皮巻アームレストがつき、すでにして古くくすんだ往年のバーの落ち着きを醸《かも》しだしている。

「ミリオンダラー」

「かしこまりました」

ミリオンダラー（百万ドル）は、大正十一年に横浜グランドホテルのバーテンダー、ルイス・アッピンガーが創案し浜田昌吾のアレンジで広まったカクテルで、私のこの最初の一杯はいつもこれだ。ざくろの赤にパインの風味がきいた名前どおりの豪快さが気分を大きくする。

ここに来たのには訳がある。ＢＧＭのジャズは最新鋭スピーカーを使っているが、古い録音のものは棚に置いた昔の木製キャビネットの真空管ラジオから流す。「その方が当時の音がすると思うんですよ、録音もその頃のスピーカーに合わせているはずですから」というマスターの話は説得力があり、そのとき戦前吹き込みの淡谷のり子を聞かせてもらった。今日これで津村謙の『上海帰りのリル』を聞こうとＣＤを持ってきた。私は昭和二十一年生まれ、曲の発売は二十六年。当時ラジオから盛んに流れていた。

〽船を見つめていた
ハマのキャバレーにいた
風の噂《うわさ》はリル
上海帰りのリル　リル
あまい切ない　思い出だけを
胸にたぐって　探して歩く
リル　リル　何処《どこ》にいるのかリル
誰かリルを　知らないか　※3

――上海の歓楽地四馬路《スマロ》で別れたリルはひとりぼっちで海を渡って日本に帰り、横浜のキャバレーにいたと噂を聞いた。昔のように二人で暮そうじゃないか。誰かリルを知らないか。

日本の大陸進出をうけて多くの日本人が外地に渡ったが、敗戦の混乱による生き別れは切実な問題となった。夕方のラジオから毎日聞こえるＮＨＫ番組「尋ね人」の「尋ね人の時間です」と言うアナウンサーの声を今も憶《おぼ》えている。大陸体験は景気の良いころの甘い思い出を『上海ブルース』や『上海の花売娘』に残し、戦後は引揚船を歌った『かえり船』や、出征した息子の帰りを待ち続ける『岸壁の母』を生んだ。軍歌は戦争遂行を歌い（歌わせ）、歌謡曲は戦争が残したものを歌った。

私の両親は中国で出会い、結婚して世帯をもった。私は終戦まもなく北京《ペキン》・万寿山の日本人収容所で生まれ、生後二週間で母に抱かれ引揚船に乗った。何次にもわたる引揚船の乗船順は収容所の最大の関心事となり、母方の大叔父の尽力で一番乗船権を手に入れたが母の腹には私がいた。医者は身重での乗船は無理、生まれてもどうかと言い、私のために帰国を延ばさざるを得なくなった。父は私が船で死んだ場合を考え、水葬のとき私を包む新しい日章旗を買った。二歳の兄と乳飲み子の私をかかえ「日本の土を踏むまでは」という父母の苦労ははかりしれない。

子供の私は、自分が外地で生れ海を渡って来たことと『上海帰りのリル』を結びつけるわけはなかったが、この歌は最もリアルに戦後の空気を思い出させ、当時の大衆雑誌でよく見た岩田専太郎の、スカーフを頭に巻き街頭に立つ、まつげの長い哀愁美人の挿し絵がいつも浮かぶ。

私は全身を耳にして古いラジオから流れ出るメロディーを聞いた。津村謙のつややかに濡《ぬ》れたベルベットボイスがひときわ胸に迫る。子供の頃こうして聞いていたのだ。津村は吹き込みの時、一番を歌い終えると涙があふれ歌えなくなったという。

「いいねえ、津村謙」

「ああ、僕も好きですよ」

マスターは若いのに古い歌謡曲ファンで、時々店で聞いていると笑った。

「さあて」

スリーマティーニを出て同行者が私を見た。

「パパジョン行かないわけにはいかないでしょう」

横浜野毛に「ジャズと演歌　パパジョン」あり。昭和五十六年三月二十四日の開店以来、二十一年間一日も休んだことのない野毛の名物店で、禿頭《はげあたま》に白いカイゼル髭《ひげ》のマスターの顔を見たさに毎夜人がやってくる。ジャズのバーに演歌とふるのはマスターが熱烈な美空ひばりファンだからだ。

「今日で何日目？」

「七千八百九十七日目！」

「もうすぐ八千日かあ、お祝いにその日は酒すべて半額ってのはどう？」

「倍額！」

「そんな、ハハハ」

口の減らない元気さが人気のゆえんだ。マスターはひばりを愛するが故《ゆえ》に安易にひばりにふれないし、一大コレクションのレコードもかけない。しかし今日はぜひ話を聞きたい。

「マスター、じゃんじゃん飲んでくれ、ダブルでいこう！」

「お、ゴチね」

「今、ひばり像に挨拶してきたんだ」

「エライ、それは感心だ」

ひばりは自分の青春と言い切るマスターは、若いとき横須賀の米軍ホテルで働き、月給三千円の時代に六万円チップをため、ひばりの映画、ステージに通い、レコードもすべて買い、部屋の壁も天井もポスターを貼《は》っていた。開店以来無休を続けているが一日だけ早じまいした日がある。それはひばりが死んだ日だ。たまらず店を閉め、カラオケで涙を流しながらひばりの歌を次から次に絶唱した。

「マスターのひばりベストスリーは何？」

うーん、と頭に手をやったが答は用意されているようだった。

『日和下駄《ひよりげた》』『チューチューマンボ』『あきれたブギ』」

いずれも最初期の異色作で粋《いき》でコミカルな曲ばかり、さすがに通《ツウ》の選択だ。ひばりの歌は生気ある伴奏がまたすばらしい。ひばりは当時一部の「文化人」に大人を真似《まね》する俗悪と毛嫌いされたが、バックミュージシャンは音楽家の本能をもってひばりが天才であることを見抜き、一流歌手を伴奏できる敬意と喜びが演奏に満ちている。『あきれたブギ』『ひばりが唄《うた》えば』『ひばりの花売娘』などのスインギーなジャズフィーリングはすばらしい。

「ユーは?」

私か。そうだな。ひばりの歌で子供の頃とくに印象に残っているのは『私は街の子』だ。

〽わたしは街の子　巷《ちまた》の子
　窓に灯《あか》りが　ともる頃
　いつもの道を　歩きます
　赤い小粒の　芥子《けし》の花
　あの街角で　ひらきます　※4

三番に至り母がいないことがわかる。夕方、窓に灯がともるころ、つまり最も家庭や母が恋しいときに街にひとり出てゆくこの子は、何をしに行くのだろうと子供の私は思い、重そうな足取りにただよう淋《さび》しさが心に重く残った。

昨年、『なぜ「丘」をうたう歌謡曲がたくさんつくられてきたのか』（村瀬学著　春秋社）を読み、目から鱗《うろこ》の落ちる指摘に出会った。すなわちこの子は浮浪児であり、ひとりで生きてゆくためにいつもの道を体を売りに出るのだと。

私が子供の当時「浮浪児」という言葉は常に身近にあり、大きな社会問題になっているのは子供の私も知っていた。親から夕方いつまでも遊んでいると浮浪児になるよと言われた。熱中して聞いていた、浮浪児養護施設のラジオドラマ『鐘の鳴る丘』の明るいテーマ曲『とんがり帽子』とまるで異なる『私は街の子』の暗さに私が感じたのは、同じ子供でありながらひとりで働いて生きてゆかねばならない浮浪児への、父母も家もある自分の後ろめたさだったのだ。末尾の「今は恋しい　母様に　うしろ姿も　そっくりな」が胸をしめつける。

しかし、ひばりには明るい歌、楽しい歌も沢山ある。マスターのベストスリーを見よ。

「んーと、『チャルメラそば屋』」

「お、いい選曲だね」

「『素敵なランデブー』」

「よろしい」

「ベストワンは『私のボーイフレンド』。ものごとすべてハッピーエンド！」

「大変よろしい！」

　天才歌手ひばりの、素直な子供の夢が感じられる軽快なこの曲が私は大好きだ。CD三十五枚組、紫布貼り金箔押《きんぱくお》しハードカバー二百六十九ページ解説書つきの大全集からマスターはご機嫌で一枚を抜いた。

〽一、二、三、四　ポプラがゆれる
　小川のほとりに　お家が二つ
　窓にほほえむ　薔薇《ばら》の花
　あなたはナイト　わたしはクイーン
　やさしく夢見る　二人のハート
　一、二、三、四　歌うも二人
　踊るも二人で　笑って泣いて
　ハッピイ・エンドの物語　※5

——ハマの夜に、若きひばりのはずむ歌声が流れていった。

大阪／月の法善寺横丁

つるつるつる。熱々の平細うどんに昆布ダシのつゆがよくからみとてもおいしい。なべ焼きうどん風の小さな鉄鍋《てつなべ》には刻み油揚げ、椎茸《しいたけ》などが色を添え、うどんとご飯が両方入っている。「大阪来たらこれ食べなあきまへんわ」と同行者がにわか大阪弁で連れてきた松葉屋の「おじやうどん」は、おじやとうどんを一緒にしたものだ。ランチタイムの店内はほどよく混み、おじやうどんの注文も多い。

「アー」おつゆの最後まですくい上げて、同行者はひと声発し、額の汗を拭《ふ》いて私の顔を見た。

「大阪の歌謡曲は何が好きですか？」

歌謡曲を求めて我々は横浜《ハマ》から大阪《ナニワ》にやって来た。大阪を舞台にした歌謡曲も多い。外国船の入る横浜はバタくさい都会的フィーリングの歌が多いとすれば、大阪はずばり演歌の匂《にお》いの、昆布ダシのよくきいた濃厚な味わいだ。その代表作は藤島桓夫《たけお》の『月の法善寺横丁』だろう。

「なるほど、では行ってみましょう」

法善寺横丁は大阪で一番好きなところだ。小料理屋やバーが軒を連ねる石畳の路地奥の水掛不動は線香の煙が絶えず、一杯機嫌の男女が冗談半分、本気半分に手を合わすゆかしい風情《ふぜい》は最も大阪らしい。

心斎橋から戎《えびす》橋を渡り横丁入口に着くと、何ということだ。幅一メートルほどの路地の右側は変わらず飲食店が続くが、左半分は工事用の高い塀に囲まれて跡形もない。世情に疎《うと》い私はこの九月（平成十四年）、解体中の道頓堀《どうとんぼり》旧中座で爆発火災がおきたとは聞いていたが、背中合わせの法善寺横丁が壊滅的打撃を受けたとは知らなかった。入口に法善寺会の名で「中座跡地解体工事火災による類焼店舗の被災休業のお知らせ」と大きな看板が出ている。何度か入ったバー「洋酒の店　路」や明治二十六年創業の大阪名物の小料理屋「正弁丹後亭」も消え、今夜ここで藤島桓夫の話でも聞いてみようという目論見《もくろみ》はとんでしまった。

しかし路地の「月の法善寺横丁歌碑」は残っていた。バケツに花も添えてある。歌詞が刻まれた黒御影石《みかげいし》の横は藤島桓夫の略歴だ。藤島は昭和二年大阪市に生れ、昭和二十五年歌手デビュー。『初めて来た港』『お月さん今晩は』に続き、昭和三十五年『月の法善寺横丁』で大ヒットをとばし、平成六年没した。

当時業界には「大阪ものは売れない」というジンクスがあり、この歌も最初の出荷はわずか二千五百枚だったが、ご当地大阪から火がつき全国に広まった。板前修業を歌ったユニークな詞は、丹羽文雄の小説「包丁」と織田作之助の「夫婦善哉《めおとぜんざい》」がヒントになったという。「包丁」は昭和二十九年「サンデー毎日」に連載され、後年加山雄三でテレビドラマになった、いわば今の料理人ブームのはしりといえよう。ただし舞台は東京で法善寺は登場しない。代表的大阪小説「夫婦善哉」は昭和三十年、森繁《もりしげ》久彌《ひさや》・淡島《あわしま》千景《ちかげ》で映画化され、ダメ男にもそれなりの人生があるという大阪的価値観を世に知らしめた。

私はおもむろに耳にイヤホンを入れ、持参のCDプレーヤーのボタンを押した。

〽庖丁《ほうちょう》一本　晒《さらし》にまいて
旅へ出るのも　板場の修業
待ってて　こいさん　哀しいだろが
ああ若い二人の　想い出にじむ法善寺
月も未練な　十三夜　※6

藤島桓夫の絶妙な節回しは浪花《なにわ》の味をこってりとのせている。

「ヘンなところはリアリズムですねー」

道端で目を閉じ顎《あご》を振る私を、離れて見ていた同行者が呆《あき》れて言った。

水掛不動は今日も線香の匂いが漂い、水を浴び緑に苔《こけ》むす不動明王は、濡れにぞ濡れし乾く間も無しだ。私も手を合わせ横丁の復興を祈り、募金箱に寸志を入れた。

——藤島はん、法善寺横丁は必ずよみがえりまっせ。

やがて夜となったが、目当ての法善寺横丁が半休業ではなじみに行くしかない。

「どこに行きたい？」

「吉田バーに連れてってください」

「いいとも」

夜の大阪道頓堀は、同じネオン街でもやはり東京とは違う味わいがある。大阪を歌う歌謡曲は『浪花恋しぐれ』『宗右衛門町ブルース』『王将』といろいろあるが、私の好きなフランク永井の『こいさんのラブ・コール』は東京の目から見た大阪のロマンをソフトな低音で歌い印象ぶかい。

昭和六年開店、「堂島サンボア」とならぶ大阪で最も老舗《しにせ》のバー「吉田バー」は何も変わらず、パブミラーも真鍮《しんちゅう》プレートもボトルもぴかぴかに磨かれ現役クラシックバーの艶《つや》を放っている。樽《たる》のコックをひねりジンを満たしたジントニックが最高にうまい。いいバーですねえと同行者はうっとりだ。二代目の吉田芳二郎さんは先年亡《な》くなったと聞き、物腰柔らかな風貌《ふうぼう》を思い出し、もう少し常連になったらカクテルを作ってもらおうという願いは果たせなくなったと知った。額に飾られた若き日の写真は近江俊郎に似ている。

「これを見てくれないか」

「何ですか？　ほう……」

私の取り出したのは私家版「昭和歌謡歌手番付」だ。（次々頁の表参照）

「完成に二年費やしたよ」

同行者がひまですなあという顔で紙に目をやる。二年はおおげさでも、毎夜のように盃《さかずき》を傾けながらくりかえし聞いた結論だ。もちろん個人的好み以外の何ものでもないが番付けるのは大変難問だった。

「難問って、勝手にやったんでしょ」

そりゃそうだが。

「戦後から昭和三十五年頃ばかりですね」

その通り。大衆歌謡は大まかに、戦前（流行歌）→戦後（歌謡曲）→昭和三十五年頃以降（演歌とポップスに分化）、と変わってきた。歌謡曲は、大人がけれん味のない美声で、きれいに、朗々と、のびやかに、せつせつと、たっぷり感情を込め、正面からまっすぐに歌い上げるところがいい。岡晴夫の心意気、伊藤久男の男っぽさ、林伊佐緒のロマンチシズム、三橋美智也の晴朗な哀愁、小声で甘くささやくクルーナー小畑実、しっとりと魅惑的な織井茂子、成熟した色香ただよう松島詩子《うたこ》、コロムビア・ローズの張った色気……。アメリカのビング・クロスビーやフランク・シナトラ、パティ・ペイジやジュリー・ロンドンのような存在感といってもいい。つまり歌唱力と歌心をもった大人の歌だ。演歌はまた別物で私は好まない。

「はあ……」

力説する私に返事はあまり力が入らない。無理もない。昭和四十一年生れの同行者と私は二十歳開きがある、ピンクレディー、山口百恵の世代なのだ。逆に私にはそれらは子供の学芸会以上のものではない。

「関脇《せきわけ》は、ちあきなおみですね」

そうだ。戦後も過ぎてテレビの時代に入り、アイドル子供歌手ばかりになって歌謡曲は消滅した。もう昔のような大人の歌謡歌手は時代も必要としないし、出ないだろうと思っていたが、ちあきなおみは歌謡曲の匂いをふんぷんとさせて登場した。うまさはもちろん、歌に入れ込んでゆく過剰なまでの感情の高まりのすばらしさは、ひばり、千代子とまた違う女の体温、情念をもち、それが演歌でないところが歌謡曲その

昭和歌謡歌手番付（附・特徴と代表作）

西		東
美空ひばり 女王「悲しき口笛」	横綱	津村 謙 濡れた美声「上海帰りのリル」
島倉千代子 泣き節「この世の花」	大関	小畑 実 甘美「高原の駅よさようなら」
ちあきなおみ おんな「雨に濡れた慕情」	関脇	岡 晴夫 歌謡王「東京の花売娘」
織井茂子 魅惑「静かな夜のビギン」	小結	三橋美智也 哀愁「おんな船頭唄」
松島詩子 色香「喫茶店の片隅で」	前頭	フランク永井 ソフト「夜霧の第二国道」
渡辺はま子 艶麗「桑港のチャイナ街」	二	灰田勝彦 モダン「アルプスの牧場」
二葉あき子 歌心「夜のプラットホーム」	三	水原 弘 実力「君こそわが命」
黛 ジュン 純情「天使の誘惑」	四	伊藤久男 男心「あざみの歌」
高峰三枝子 大輪「情熱のルムバ」	五	近江俊郎 清潔「山小舎の灯」
都 はるみ コブシ「涙の連絡船」	六	藤島桓夫 浪花「お月さん今晩は」
大津美子 野性「東京アンナ」	七	岡本敦郎 紳士「あこがれの郵便馬車」
コロムビア・ローズ 硬い色気「ロマンス・ガイド」	八	三浦洸一 端正「踊子」
平野愛子 情感「港が見える丘」	九	林 伊佐緒 ロマン「高原の宿」
西田佐知子 都会派「アカシアの雨がやむとき」	十	三波春夫 喉つや「チャンチキおけさ」

ものだ。しかしちあきは最愛の夫、映画俳優・郷鍈治《えいじ》の死とともにぷっつりと姿を消し、それがまた男心に強い印象を残して「いい女だったなあ」と半ば伝説化した。今も「歌手は、ちあきなおみ」の人は多く、新宿には、ちあきばかりかけているバーもある。

「ちあきなおみこそ、最後の歌謡歌手だ。キミ、わかるかね！」

私の剣幕に同行者はたじたじとなった。

「まあいい」

何がまあいいのかわからないが、力が入ったら燗酒《かんざけ》を飲みたくなった。

派手なネオンを川面《かわも》に映す戎橋には若い男女がいっぱいだ。大道芸の白塗りパントマイマーがぴくりとも動かず立ち、女子高生の好奇の目を集めている。派手な化粧のホステスや客引きの黒服がゆきかう宗右衛門町《そえもんちょう》を抜け、島の内の居酒屋「ながほり」に歩いた。

「いらっしゃい！」

威勢の良い返事が気持ち良いこの店は今大阪随一のおすすめだ。奥播磨《おくはりま》、喜楽長《きらくちょう》などの銘酒の数々に、最高の素材を使った肴《さかな》は何を頼んでも間違いがない。「見て下さい、この豊後《ぶんご》水道のカマス」と丸々太ったみごとな一尾を持ち上げる。よし、それを塩焼に予約して、まずは鯛《たい》、鯖《さば》、ヒラメ、鰹《かつお》、アオリイカ、蛸《たこ》の刺身ひとくち盛だ。

「うまいですねー、奥播磨」

やっぱり歌謡曲は日本酒でしょうと同行者はご機嫌だ。全くそうだ。ここで歌謡曲が小さく流れたら言うことはないが、そう都合よくはゆかない。横浜、大阪と歩いて若い彼も歌謡曲に興味がわいてきたらしい。

「歌謡曲の魅力って、結局何ですかね」

ずいぶん大ざっぱな問いだが、さて。

日本人を心身の極限まで疲弊させて戦争は終わった。戦時中は女々しいとされた歌も、敵性音楽のジャズも禁止が解けた。男も女も大声で自由に歌えるのは何とすばらしいことか。食べるもの住むところ全《すべ》てが不足しているが、少なくとももう戦争はしないだろう。これから自分たちを、日本を良くしてゆくのだ。希望が歌を歌わせ、作詞家作曲家そして歌手は歌を仕事にできる喜びにあふれ、それが数々の名曲名唱を生んだ。

「ほう」

そこには戦争の跡が色濃く残っている。自分は生き残ったが誰にも死は隣にあった。戦後の歌謡曲にはどこか戦争犠牲者への鎮魂の想いがある。強制された軍歌に代わり、何を歌ってもよいとなったとき、人々はまず鎮魂を歌った。それはまた自分自身の魂を鎮《しず》めることでもあったに違いない。人はこの想いを表さずに戦後を出発することはできなかった。時代の共通心情が歌に現れ、イコンとなった時代があった。

「なるほど」

つまり歌が歌の力を持ったことが、歌謡曲の黄金時代を生んだ。その後日本が変わってゆくに従い歌謡曲も消えていった。

酒を口にいれた。にわか仕立ての論だけど私の歌謡曲はこういうものだ。

「それでは、戦後歌謡名曲ベストスリー！」

「お、来たね。下からゆくか。第三位『銀座カンカン娘』」

「昔から高峰秀子が好きですねー」

「第二位『あなたと共に』」

津村謙と吉岡妙子のこのきれいなデュエット曲は、二人で手を携えて生きて行こうという詞の歌声に、新しい時代が来るんだという気持ちがこんこんとあふれている。

「では、第一位！」

「『山小舎《やまごや》の灯《ともしび》』」

この歌は美しいメロディーとともに編曲がすばらしい。森の夜明けを思わせる夢見るようなイントロからインテンポになり、スチールギターがのびやかな音を添え、近江俊郎の心を込めた歌唱が始まる。転調した間奏に続く二番はそれまで黙っていた女性のバックコーラスがハミングで嬉《うれ》しげに加わり、やがて「私たちにも歌わせて」というように詞を歌いはじめ、続く三番はまず女声コーラスが高らかに歌い、近江も合流して大団円を迎え、ジャンときっぱり終わる。うきうきする快適なテンポにのる歌唱は歌う喜びに満ちあふれ、限りない幸福感をたたえている。

中国から引揚げてきた私の一家は父の故郷長野県に帰り、父は教職を得て働きはじめ、やがて妹が生れ、兄、私、妹と子供も三人になった。貧しかったが、さあこれからだと父も母も張りきっていた。ある日父は教員仲間を家に呼んだ。先生はみな若く、酒が入ると当時ラジオからよく流れた『山小舎の灯』を声を合わせて歌っていた。だれもが希望にもえていた。

〽黄昏《たそがれ》の灯は　ほのかに点《とも》りて
なつかしき山小舎は　麓《ふもと》の小径《こみち》よ
想い出の窓に寄り　君を偲《しの》べば
風は過ぎし日の　歌をばささやくよ　※7

うまい酒と料理で評判のこの店は、夜遅くなっても客が絶えない。私も今夜も酒がうまい。こうしていられる毎日は何と有難いことか。であればこそ決して忘れてはならない時代がある。歌がそれを伝えている。

——酔って天井をあおぐ私の耳に、過ぎし日の歌がきこえてきた。

（二〇〇三年）

＊横浜野毛の「ジャズと演歌 パパジョン」は、平成十八年の今も開店以来の休みなしを続けている。大阪法善寺横丁はその後再びの火災で残った側も全焼したが、今は横丁すべてみごとに復興した。

※1 作詞作曲・東辰三

※2 作詞・代田銀太郎 作曲・伊藤正康

※3 作詞・東条寿三郎 作曲・渡久地政信

※4 作詞・藤浦洸 作曲・上原げんと

※5 作詞・門田ゆたか 作曲・原六朗

※6 作詞・十二村哲 作曲・飯田景応

※7 作詞作曲・米山正夫

あとがき

雑誌「小説新潮」に一年に一回ほど読み切りで書いた原稿に、短いものやコラムを合わせ、一編を書き下ろしてこの本になった。発表時にはタイムリーでも今は古くなったもの、大幅に書き改めたものもあることをご容赦願いたい。

小説新潮に三年間連載した「ニッポン居酒屋放浪記」は、日本各地の居酒屋を訪ね歩く紀行だったが、それに続く読み切りは本誌の特集にからめたもので、単なる居酒屋飲み歩きから町や人に主題を広げさせられ、新鮮な視点からの取材執筆は楽しい経験になった。

書き下ろしの「隅田川に沿って、東京の居酒屋を歩く」は、東京の居酒屋をまとめて書いてみたいという永年の想《おも》いを実現できた。

私の父は晩年、身障者となりベッドと車椅子《くるまいす》の生活を余儀なくされながら、私の書くものを楽しみにしてくれていた。「リルをさがして横浜《ハマ》から大阪《ナニワ》へ」を書いている頃は何度目かの入院中で、家族も私も父の先行きを危ぶまざるを得なくなった。私の原稿にも、これを父に読んでほしいという気持ちが入ったように思う。掲載号が出てすぐに送ったが、父はもう本を手に持てる状態ではなく、読んだ形跡もなく、しばらくして他界した。最後に棺《ひつぎ》に蓋《ふた》をするとき、私はその一冊を入れた。この本の最初の一冊は、父の写真の前に置くつもりである。

平成十八年四月

太田和彦

初出一覧

ほろ酔い周五郎巡礼は浦安の豆腐から　「小説新潮」一九九八年七月号
浅草橋のさくら鍋のシラタキに椎名誠は「まだ早い」と言った
「小説新潮」一九九九年四月号
眼鏡美人秘書と大江戸線ひと巡り　「小説新潮」二〇〇一年三月号
鶴岡の孟宗汁にふんどしが揺れた　「小説新潮」二〇〇二年六月号
リルをさがして横浜から大阪へ　「小説新潮」二〇〇三年一月号
ウマイ話マズイ話　「小説新潮」二〇〇一年一月号
〜〇三年十二月号

居酒屋周遊
・バスに乗って居酒屋へ　「東京人」一九九二年八月号
・大島のお汁粉は甘かった　「東京人」一九九七年八月号
・呉、軍港のホワイトナイツ　「旅」一九九八年十二月号
・都電に乗って居酒屋へ　「東京人」二〇〇〇年七月号
・銀座　ビアホールの街　「銀座百点」二〇〇一年七月号
隅田川に沿って、東京の居酒屋を歩く　書き下ろし
あとがき　書き下ろし

新潮文庫最新刊

新潮社編
空を飛ぶ恋
―ケータイがつなぐ28の物語―
伝えたい想い、いえなかった言葉、ときめく心が空を駆けめぐる。ケータイがつなぐ心と心。人気作家28人によるオリジナル短編集。

白洲次郎著
プリンシプルのない日本
あの「風の男」の肉声がここに！　日本人の本質をズバリと突く痛快な叱責の数々。その人物像をストレートに伝える、唯一の直言集。

森繁久彌・語り
久世光彦・文
大遺言書
「思い出すっていうのは、不思議なものですねえ」稀代の名優が語る波瀾万丈の人生を久世光彦が軽妙洒脱な筆で綴る聞き書きエッセイ。

群ようこ著
ぢぞうはみんな知っている
母には金を吸い取られ、弟は無責任。天涯孤独と思ってみるが、何故か腹立つことばかり。身辺を綴った抱腹絶倒、怒髪天衝きエッセイ。

太田和彦著
居酒屋道楽
古き良き居酒屋には、人を酔わせる歴史があり、歌があり、物語がある――。上級者だからこそ愉しめる、贅沢で奥深い居酒屋道。

絵門ゆう子著
がんと一緒にゆっくりと
―あらゆる療法をさまよって―
「がん＝死」なんてあり得ない。苦しみを乗り越え、がんと生きるからこそ経験できた深い喜びの数々を綴る感動の闘病記。

新潮文庫最新刊

小和田哲男著

集中講義 織田信長

日本一弱いと言われながら、それでも勝ち続けた織田軍の秘密から革命児信長の本質まで、戦国史学界の第一人者が分かり易く検証する。

秋庭 俊著

帝都東京・隠された地下網の秘密［2］

―地下の誕生から「1―8計画」まで―

帝都の地下は、いかにして設計されたのか？ 江戸城の遺跡、満州の都市計画など、多分野の調査から隠蔽されたそのルーツに迫る。

西村 淳著

面白南極料理人

笑う食卓

息をするのも一苦労、気温マイナス80度の抱腹絶倒南極日記第2弾。日本一笑えるレシピ付。寒くておいしい日々が、また始まります。

北尾トロ著

危ないお仕事！

超能力開発セミナー講師、スレスレ主婦モデル、アジアの日本人カモリ屋。知られざる、闇のプロの実態がはじめて明かされる！

産経新聞「新・赤ちゃん学」取材班著

ここまできた新常識

赤ちゃん学を知っていますか？

英語は何歳から？ テレビ画面は危険！ アトピー・SIDSの原因は？ 最新の研究成果から解き明かす出産・育児の画期的入門書。

夏目房之介著

漱石の孫

百年前、祖父が暮らしたロンドンの下宿。そこを訪れた僕を襲った感動とは？ 孫がはじめて真正面から描いた、文豪・夏目漱石。

居《い》酒《ざか》屋《や》道《どう》楽《らく》

新潮文庫　お－52－5

平成十八年六月一日発行

著者　太《おお》田《た》和《かず》彦《ひこ》

発行者　佐藤隆信

発行所　株式会社　新潮社

郵便番号　一六二―八七一一
東京都新宿区矢来町七一
電話　編集部(〇三)三二六六―五四四〇
読者係(〇三)三二六六―五一一一
http://www.shinchosha.co.jp

価格はカバーに表示してあります。

乱丁・落丁本は、ご面倒ですが小社読者係宛ご送付ください。送料小社負担にてお取替えいたします。

印刷・大日本印刷株式会社　製本・加藤製本株式会社

ISBN4-10-133335-1 C0195